50대에 시작해도
돈 버는 이야기

이메일 vegabooks@naver.com   **홈페이지** www.vegabooks.co.kr
블로그 http://blog.naver.com/vegabooks
인스타그램 @vegabooks   **페이스북** @VegaBooksCo

50대에 시작해도
돈 버는 이야기

서미숙(꿈꾸는 서여사) 지음

VegaBooks

프롤로그

3년이라는 시간, 10개의 파이프라인, 8개의 명함

'서미숙'이라는 이름보다 '꿈꾸는 서여사'라는 이름이 더 익숙하게 살아온 지 어느덧 3년이 지났다. 그사이 나를 부르는 호칭은 점차 늘어났다. '작가님, 멘토님, 대표님, 강사님, 투자자, 조장님', 그리고 '점주님'까지 어느새 나에게는 8개의 명함이 생겼다. 돈이 들어오는 파이프라인은 10개에 달한다. 소득은 남편의 월급을 진즉에 뛰어넘었고, 무자본 창업으로 종잣돈을 모아 소자본 창업을 진행했다. 삶이 윤택해졌고, 인생이 바뀌었다.

이렇게 8개의 명함이 생기기 전까지 나를 부르는 호칭은 하나, '이모님'이었다. 찜질방 매점에서 구운 계란과 식혜를 팔던 이모님으로 일하던 시절 역시 3년이었다. 똑같은 시간이지만 어떻게 보내느냐에 따라서 이렇게 놀라울 정도의 변화를 만들어낸 것이다. '지금을 미루면 3년 뒤에 나를 만난다. 그 모습 그대로!'라는 어느 강의장에서 들었던 말이 생각난다. 찜질방 이모로 3년을 그대로 보냈다면 지금의 나는 없었을 것이다. 그 자리에서 그대로 아무것도 하지 않았다면 지금쯤 어떤 삶을 살고 있을까? 생각만 해도 끔찍하다.

부자를 꿈꾸며 새벽 기상과 독서를 시작한 이유는 절실하기 때문이었다. 오랫동안 아나운서를 준비하며 공부했던 딸은 결국 꿈을 포기했다. 자신의 미래를 온전히 지원해주지 못하는 부족한 부모 때문이었다. 아나운서의 꿈을 포기하겠다며 눈물 흘리는 딸아이를 보면서 엄마인 내 가슴에는 피눈물이 흘렀다. 이대로 살 순 없었다. 부자가 되어야 했다. 하지만 아무것도 가진 게 없는 50대에겐 그런 기회조차 쉽게 주어지지 않았다.

그래서 '닥치고 시리즈'를 계획했다. 어떤 변명도 필요하지 않다고 스스로를 채찍질하기 위해서였다. 닥치고 새벽 기상을 했고, 닥치고 책을 읽었다. 인터넷 도구가 어려워서 할 줄 아는 건 없었지만 끊임없이 배웠고, 기록했다. 멘토를 정하고 그분의 말이라면 무작정 따라 했다. 그렇게 부자 습관을 몸에 장착해 나가기 시작했다. 그 과정을 기록해서 『50대에 도전해서 부자 되는 법』이라는 책을 출간했고 기대보다 훨씬 큰 사랑을 받았다. 나는 노후가 불안했던 40대~60대에게 희망이 되었다. 50대는 이미 늦었다고 안주하며 또는 포기하며 살던 중·장년들이 내 책을 읽으며 수면으로 올라오기 시작했다. 이메일로 많은 사연을 보내온다. 희망을 주는 책을 써 줘서 감사하다는 메일도 있지만, 어려운 상황을 얘기하며 나의 피드백을 기다리는 분도 많았다.

그렇게 여러 사연을 접하며, 노후준비가 부족한 분들을 도와야겠다는 의지가 확고해졌다. '부자를 꿈꾸는 40대~60대 사람들에게 나의 경험과 노하우를 바탕으로, 새로운 목표와 더 윤택한 삶을 만들 수 있도록 돕겠다'라는 사명이 생겼다. 첫 책을 통해 50대도 할 수 있다는 희망을 보여줬다면 이제 그들에게 실천하는 방법을 알려줘야겠다는 생각이 들었다. 부족하지만 그래도 내가 50대에, 불과 3년 만에 이렇게 다른 인생을 살 수 있었던 것처럼 구체적인 실행을 해야 하기 때문이다. 그리고 나 역시 그들의 손을 붙잡고 함께 성장하고 싶다.

누구나 돈 부자, 시간 부자가 되고 싶어 한다. 하지만 노력 없이는 절대 되지 않는다. 돈 부자, 시간 부자로 인생을 바꾸는 3가지 방법이 있다.

멘토: follow
동료: company
공부: study

멘토를 만들고 동료와 함께 돈 공부를 시작하면 된다. 말로는 간단하고 쉬워 보이지만, 실천하기가 쉽지 않다는 것이 문제다. 쉬워 보이지만 전혀 쉽지 않은 '닥치고 시리즈'를 해야 하고, 지칠 때마다 끌어주고 밀어줄 멘토와 동료가 있을 때만이 인생을 바꿀 수 있다. 그런 멘토이자 동료가 되고 싶다. 선한 영향력 있는 사람이 되고 싶었고, 그 이상을 꿈꾸게 되었다. 지금도 꿈을 이루어 가는 중이다.

'꿈꾸는 서여사'라는 이름만 보고 모인 1,000명이 넘는 사람들이 함께하는 오픈 채팅방과, '꿈꾸는 부자여행' 카페를 운영하면서 다양한 사람들을 만났다. 온라인 콘텐츠인 '부자 매뉴얼 프로젝트'에선 110명과 함께 돈 공부를 하고 있다. 청울림 선생님의 〈다꿈스쿨〉에서 무자본 창업 강사로 활약하며 수강생이 콘텐츠를 발굴하도록 돕고 있다. 무인카페 강의와 스터디도 운영한다. 이 모든 활동이 나의 꿈에 다가가는 징검다리가 되고 있다.

나는 이 책이 또 하나의 징검다리가 되길 바라며, 내가 그랬던 것처럼 당신도 크게 꿈꾸고 크게 이루면 좋겠다. 과거의 나는 돈 없는 욜로YOLO였고, 노후를 준비하지 못한 50대 엄마였다. 대출이 65%인 집 한 채로 시작했다. 감추고만 싶었던 직업, 찜질방 매점 이모가 3년간 성장해온 이야기가 40대~60대의 희망이 된 것처럼 당신도 또 다른 희망이 될 수 있다. 그렇게 당신 스스로의 무한한 잠재력을 믿으면서 이 책의 첫 장을 들추길 바란다.

추 천 사

'무서운 성실함의 힘'

　꿈꾸는 서여사님을 떠올리면 떠오르는 이미지가 있습니다. 새벽에 일찍 일어나서 책을 읽고 글을 쓰는 모습입니다. 지난 3년간 하루도 빠짐 없이 그렇게 살아온 것으로 알고 있습니다. 이 무서운 성실함의 힘으로 서여사님은 찜질방 매점 이모에서 8개의 명함을 가진 50대 인플루언서로 거듭났습니다. 불과 3년 만에 말이죠.

　그러니 여러분도 한 번 해보시기 바랍니다. 어렵지 않습니다. 일단 시작하고 될 때까지 계속하면 됩니다. 서여사님이 그렇게 했던 것처럼 말이죠. 오늘 이 책을 읽는 여러분은 행운아입니다. 당신이 무언가 새로 시작하는 것을 망설이는 중년이라면 더욱 그렇습니다. 이 책을 읽고 제2, 제3의 서여사님이 되어 인생 2막을 멋지게 장식하기를 응원합니다.

—청울림(유대열) 다꿈스쿨 대표

서여사님을 두 달에 한 번꼴로 만난다. 만날 때마다 서여사님은 현재를 이야기하는 분이다. 현재 이야깃거리가 많은 사람은 도전하는 사람이다. 특히 책을 통해 돈 버는 법을 알게 된 서여사님의 비법을 이 나라 모든 50대가 배웠으면 좋겠다.

당신은 현재 할 이야기가 있는가? 이 책을 통해 현재를 이야기하라.

—**고명환** 동기부여 전문가

Contents

1부 시작, 내 삶에 성공을 담을 용기
— 50대, 우리들의 시간은 달라야 합니다

2부 성장, 나이는 뒤처짐이 아니라 성장의 발판이다

— 시간 부자가 되는 부자 매뉴얼 따라 하기

Contents

4부 결론, 어떤 삶을 살았더라도, 시작은 지금부터

— 3년 후 당신의 미래를 바꿀 3가지 솔루션

1장 내 경험과 지식을 돈으로 바꾸기

— 세상에 가치 없는 경험은 없다

Contents

결론, 어떤 삶을 살았더라도, 시작은 지금부터
— 3년 후 당신의 미래를 바꿀 3가지 솔루션

2장 **내 수익을 바꾸는 건 정성입니다**
— 시간과 정성으로 만드는 단골 브랜딩

4부 결론, 어떤 삶을 살았더라도, 시작은 지금부터
— 3년 후 당신의 미래를 바꿀 3가지 솔루션

3장 내 행복과 여가, 수익을 모두 잡는 시스템 만들기
— 일탈과 수익의 결합, 호스트로 살아보기

1부

시작, 내 삶에 성공을 담을 용기
— 50대, 우리들의 시간은 달라야 합니다

> 그렇게 나는 부자가 되기로 결심했다.
> 아니 세상을 향해 독기를 품었다.

50대에 절박한 마음으로
돈 공부를 시작하다

'꿈꾸는 서여사'라는 닉네임으로 온라인에서 활동하기 전, 나의 마지막 직업은 찜질방 매점 이모였다. 그전까지는 미술학원 원장을 무려 25년간 해왔다. 저출산으로 아이들은 점점 줄어들었고, 자연스럽게 수입도 줄었다. 그사이 많아진 건 내 나이뿐이었다. 아이들도 학부모도 나이 많은 선생님을 별로 달가워하지 않는다는 것을 뒤늦게야 눈치챘다.

더 이상 미련을 둘 수 없었다. 운영이 어려워지자 학원 문을 닫았지만, 50세가 된 내가 갈 곳은 없었다. 하지만 예체능을 전공하는 아이들의 뒷바라지를 위해 여전히 돈이 필요했다. 한 직업을 오래 했기에 다른 일을 구하기 힘들었고, 새로운 일을 구하려 해도 늘 나이가 걸림돌이 되었다. 결국, 바로 일할 수 있는 찜질방 매점 이모에 지원했다.

'선생님'으로 불린 25년은 사라지고 순식간에 나는 '이모님'이 됐다. 가끔은 나를 부르는 호칭이라는 걸 알아듣지 못할 때도 있었다. 미술 실기 앞치마가 설거지 앞치마로 바뀌었을 땐 자존감이 바닥을 쳤다. 그렇게 매일, 좁은 매점 안에서 식혜와 구운 달걀을 팔았다. 이런 내 모습을 들키기 싫어 일부러 친구와도 연락을 끊고 퇴근 후에는 집 밖에 나가질 않으며 스스로를 가두었다.

만약 지금과 같은 마인드를 가졌더라면 그렇게까지 스스로 초라해지는 않았을지도 모른다. 그때는 자존감 대신 자존심만 치켜세웠다. 자식 교육비에 걱정이 많던 시절이기에 돈이 없다는 상황과 어떻게든 돈을 벌어서 생활비에 보태야 한다는 생각은 오히려 자존심에 더욱 상처를 입혔다. 더욱 비참한 사실은 그렇다고 달리 뭔가를 할 수 있는 것도 없었다는 것이다. 그저 찜질방을 오가고, 조금이라도 돈을 더 벌겠다는 생각뿐이었다. 찜질방 퇴근 후에는 투잡으로 4살 남아의 하원 돌보미를 하며 하루하루를 고단하게 살았다.

그러던 어느 날 면접을 보고 온 딸아이의 표정이 어두웠다. 딸의 꿈은 아나운서였다. 당시 학원에서 연습벌레로 소문날 만큼 뉴스 읽기와 발성 연습에 몰입했다. 전국의 크고 작은 방송국에 입사 지원서를 내며 꿈을 향해 달려가던 중이었다. 마침 그날은 지난 밤 꿈이 좋았다면서 기대감에 들떠서 나갔던 참이었다. 그랬던 딸이 집에 돌아와서 나를 보자마자 털썩 주저앉았다.

"엄마! 나 아나운서 그만 포기할래!"

가슴이 쿵 내려앉았다. 불안감이 스쳤지만 내색하지 않았다. 어찌 된 일인지 물어봤더니 면접에서 부모의 직업을 물어봤단다. 영화에서만 봤던 '느그 아버지 뭐하시노?'가 현실에서 일어난 것이다. 그것도 취업 면접에서! 그것도 모자라 그런 옷차림으로 아나운서를 할 수 있겠냐며 일어나서 돌아보라고 한 면접관도 있었다고 한다. 딸아이가 얼마나 모멸감을 느꼈을까? 그날 흘린 딸아이의 눈물은 어미인 나에게는 피눈물로 돌아왔다.

그날 밤, 딸아이의 신우신염이 재발했다. 스트레스가 생길 때마다 한 번씩 크게 아프던 아이였다. 고열로 입원한 딸의 퉁퉁 부은 얼굴을 보니 그동안의 스트레스와 취업의 무게감이 느껴졌다. 내가 선택한 또 다른 직업이 아이의 취업에 문제가 될 줄은 몰랐다. 여전히 부모의 능력이 자녀의 스펙이 되는 세상이었다. 억울했지만, 현실이었다. 늦은 밤 입원실에서 딸 아이의 흐느낌이 새어 나왔다. 심장이 미어지는 거 같았다. 딸의 흐느낌을 들으며 무능한 어미인 나는 아무것도 해줄 수가 없었다.

그렇게 나는 부자가 되기로 결심했다. 아니 세상을 향해 독기를 품었다. 모든 어미는 강하다고 했던가. 자식이 원하는 것을 해줄 수 없는 부모라는 비참한 현실 앞에서 정신이 번쩍 들었다. 그동안 현실에 안주하며 벌면 쓰기 바빴다. 그동안 맞벌이를 해왔지만, 돈을 모으지 않았다. 부자가 되면 좋겠다고 막연하게 생각했지 딱히 공부하거나 행동에 옮긴 것은 없었다. 그러니 이제부터는 달라져야 했다.

찜질방 매점 이모는 나의 '현재'일 뿐 미래가 아니다. 미래가 되게 해서는 안 된다. 부자가 되겠다고 다짐하고 나니, 찜질방에서 근무하는 시간도 좀 더 효율적으로 써야 한다는 생각이 들었다. 손님이 없는 시간에는 책을 읽었다. 당시 내가 할 수 있는 몇 안 되는 일 중의 하나가 독서였다. 나는 독을 품고 책을 읽으면서 돈 공부를 하고 마인드를 다잡았다. 또 블로그를 기록하기 시작했다. 가슴이 조금씩 뜨거워지면서 희망이 생기는 듯한 느낌이 들었다.

당시 전염이 빠른 코로나19로 확진자가 속출하자 찜질방 영업이 어려워졌다. 직원을 줄여야 해서 할 수 없이 찜질방을 그만둬야 하는 상황이 발생했다. 어쩌면 내가 돈 공부를 시작하지 않았다면 찜질방의 그 자리가 무척이나 아쉬웠을 것이다. 하지만 나는 당시 조금씩 나에 대한 확신이 생기는 중이었다. 기쁜 마음으로 찜질방을 그만두었다. 3년 만의 일이었다. 그리고 나는 이제 확실히 안다. 찜질방에서 보낸 3년과 자기 계발을 한 3년의 세월은 확실히 다른 속도로 흘렀다는 것을.

"

꿈꾸는 서여사 긍정 주문

1. 나는 하는 일마다 잘된다.

2. 내가 세운 목표는 다 이루어진다.

3. 내 인생은 세상에서 가장 예쁘다.

"

시작할 때는 누구나 두렵다

　50대에 빠르게 성장한 나에게 유튜브나 방송 출연 섭외가 자주 들어왔다. 첫 유튜브 촬영지는 〈단희TV〉였다. 단희쌤은 『마흔의 돈 공부』라는 책을 출간하며 특히 중장년들에게 팬층이 두꺼웠다. 유튜브 역시 당시 50만 구독자가 넘는 대형채널이었다. 줌으로 온라인 강의를 자주 했지만, 유튜브 출연은 처음이라 긴장이 되었다. 마음 같아서는 거절하고 싶었다. 하지만 그때의 나는 알고 있었다. 나를 가장 두렵게 만드는 벽을 깨야만 내가 성장한다는 것을 말이다.

　촬영할 때는 어떻게 말했는지도 모를 정도였다. 단희쌤의 친절한 리드에 맞춰 그저 질문에 답할 뿐이었다. 업로드된 영상을 보니 어찌나 긴장했는지 표정이 꽝꽝 얼어붙어 있는 것이 보였다. 그래도 진심은 통했나 보다. 중·장년층 구독자가 대부분인지라 내 이야기에 많이 공감해주셨고, 나 역시 그분들의 반응을 보면서 기쁘기도 했고, 신기하기도 했다. 또 그 후엔 막중한 책임감이 생기기도 했다.

이후 구독자 10만 명이 넘는 〈청울림 TV〉, 구독자 85만 명의 〈월부 TV〉, 구독자 21만 명의 〈웅달 책방〉, 구독자 140만 명이 넘는 〈스터 디언〉에서 연락이 왔다. 첫 출연을 두렵고, 너무 떨린다고 지레 포기했다면 이런 경험을 해보지 못했을 것이다.

누구에게나 처음은 있고, 그렇게 처음 시작하는 일은 두려울 수밖에 없다. 두려움은 항상 도전의 가장 큰 적이다. 나 역시 마찬가지였다. 50대에 부자가 되고자 굳게 결심했지만, 행동으로 옮기기 쉽지 않았다. 책을 읽고 좋은 강연을 찾아 들었지만 '내가 할 수 있을까?'라는 의심이 들었고, '다 젊은 사람들이나 하는 거지'라고 스스로를 낮게 평가했다. 디지털 세계는 진입하는 것 자체가 엄두가 안 날 정도로 두려웠다. 하지만 자청의 저서 『역행자』에는 이런 구절이 있다.

'무의식은 스스로 한계를 규정짓고 자의식은 끊임없이 합리화를 유도하여 발전을 가로막는 것이다'

무의식이 '나는 할 수 없다'라고 한계를 긋고, 자의식이 변화를 위한 행동을 방해한다는 뜻이다. 하지만 나는 무의식도 스스로 바꿀 수 있다는 것을 경험했다. 자의식도 해체해보니 선택지가 많아졌다. 무엇부터 시작해야 할지 모를 때는 그저 책에 의지했다. 책이 주는 메시지를 나에게 적용했다. 책으로부터 인생철학과 지혜를 배웠고,

해답을 찾았다.

해야겠다고 마음먹은 것만 실행해도 인생은 달라진다. 작은 것부터 과감히 시도하는 게 좋다. 도전을 두려워하는 이유는 시작조차 하지 않기 때문이다. 자신을 믿으면 두려움이 없어진다. 두려움이란 무엇인가. 우리가 변화를 시도할 때 고민하는 이유는 '이 선택이 진짜 내 인생을 바꿔줄 것'이라고 믿지 못해서이다. 자신을 믿어야 용기가 생겨난다. 나는 두려움이 생길 때마다 긍정 확언을 외쳤다. 현재 의식에서 부정적인 생각을 없애야 한다. 긍정적인 생각을 잠재의식에 각인시켜야 무엇이든 좋은 에너지로 해낼 수 있다. 처음 시작하는 일은 언제나 두려움이 생기기 마련이다.

어느 정도 유튜브 출연에 익숙해졌다고 생각했는데 이번에는 〈클래스101〉에서 제안이 왔다. 역시나 가장 먼저 두려움과 함께 거부반응이 일어났다. 업계 탑 크리에이터들의 강의를 듣기만 하던 곳에서 내가 직접 강사가 되어 영상을 촬영한다니… 부담스러웠다. 또다시 '할 수 없다'라는 무의식이 나를 지배하고 있었다. 책을 읽으며 배운 '자의식을 해체할 기회'였다. 내 자의식은 '하지 못할 것'이라는 합리화를 계속 늘어놓았지만, 책에서 배운대로 나는 '할 수 있다. 방법은 몰라, 하지만 할 수 있어'라고 외쳐보기로 했다.

강의 촬영을 위한 두 달간의 여정이 시작되었다. 기획 PD와 만나 클래스 개설을 계약하고, 제작 PD와 함께 스크립트를 만들었다. 이제 PPT를 만들어야 했지만, 나 혼자 감당하기엔 벅찼다. 두려움이 밀려왔다. 토마스 칼라일¹은 "길을 걷다가 돌을 보면 약자는 그것을 걸림돌이라 하고 강자는 그것을 디딤돌이라 한다"라고 말했다. 나는 토마스 칼라일의 문구를 되뇌며 약자가 아닌 강자가 되기를 선택했다. 스크립트를 쓰는 것부터 난관이었다. 도구가 어려운 나에게 귀인이 나타났다. 대전에 거주하는 그녀의 도움을 받아 PPT를 제작했다. 해내겠다고 마음을 먹으니 용기가 생겼다.

모든 준비를 마친 후 이틀 내내 영상을 찍었다. 〈클래스101〉 강의 영상을 촬영하면서 나는 임계점을 넘어섰다. '내가 잘할 수 있을까'라는 의심을 '나도 할 수 있는 사람이구나'라는 자신감으로 바꿔냈다. 그렇게 한계를 극복하자 〈월급쟁이 부자들〉에서 유튜브 촬영의 기회가 왔다. 별도의 스튜디오로 들어가니 미소가 예쁜 진행자가 기다리고 있었다.

"어서 오세요. 서미숙 작가님, 저와 한 시간 대화 나누고 촬영 들어갈게요"

긴장한 얼굴이 보였나 보다. 시작 전 편안하게 해 주려는 제작진

---

1) 영국의 평론가이자 역사가, 이상주의적인 사회 개혁을 말하며 19세기 유럽 사상에 큰 영향을 미쳤다. 저서로는 『의상철학』, 『프랑스 혁명』, 『영웅숭배론』, 『과거와 현재』 등이 있다.

의 배려가 느껴졌다. 사실 부동산으로 유명한 큰 커뮤니티라, 나도 모르게 더 긴장했던 것 같다. 진행자님이 편안하게 말을 걸어주니 떨림이 조금 진정되었다. 이내 '50대 노후 준비 부동산으로 하세요'란 주제로 영상을 촬영했다. 영상 반응이 좋았던지, 얼마 후 내게 또 한 번의 기회가 왔다. 이번엔 3시간짜리 오프라인 재테크 강의 요청이었다. 〈월급쟁이 부자들〉 작가는 내게 50대에 시작한 이야기를 편하게 풀어내면 된다고 했다. 내게 이런 기회가 오다니…. 실제로 강의장 내부를 보니 너무나 설렜고, 성공적으로 강의를 마쳤다. 이곳에서 나는 또 한 번의 꿈을 이루었다. 두려움의 벽을 깨보니 할 수 있는 사람이 되었다. 앞으로 또 어떤 새로운 일들이 생길지 모른다.

작은 성공을 거듭해나가니 두려움이 별거 아니라는 생각이 들었다. 두려움을 극복하기 위해 긍정주문을 만드는 것도 추천한다. 나는 이 긍정주문을 매일 아침 열 번씩 큰소리로 읽으면서 내 안의 두려움을 이겨냈다.

세 가지를 매일 아침 열 번씩 외치는데, 내가 안 될 리가 없다. 잘될 수밖에 없는 긍정 주문은 보이는 곳에 써 놓아야 효과가 크다. 벽에 붙여놓고 매일 외쳐야 한다. 휴대전화 녹음기에 매일 내 목소리를 녹음해 들으면 효과는 배가 된다. 누구에게나 두려움은 있다. 하지만 두려움을 떨치고 도전하다 보면 떨림이 설렘으로 바뀔 때가 온다. 떨림이 설렘으로 바뀌면 곧 즐기고 있는 나를 만나게 된다. 우리가 살아온 인생 경험은 어느 하나 버릴 게 없다. 시작이라는 한 발을 떼기 위해선 나 자신을 믿어보길 바란다.

66

인풋을 쌓아가는 시간은 오롯이 나에게 달렸다.

변화는 나만이 만들어낼 수 있다.

99

3

인풋은 모소 대나무처럼 하기

처음 부자가 되기로 결심했을 땐, 종종 두려움이 엄습해왔다. 주위에서 50대는 이미 늦었다고 말하니 두려움이 커질 때도 있었다. 굳게 마음먹고 무서운 실행력으로 나 자신을 몰아쳤지만, 이번에는 또 다른 두려움이 오기도 했다. '내가 할 수 있을까?'가 아니라 '지금 내가 잘하고 있는 것일까? 이렇게 한다고 해서 인생이 정말 달라질까?'라는 의심에서 나오는 두려움이었다. 그럴 때마다 나를 다잡아 준 것은 다름 아닌 '모소 대나무' 이야기였다.

중국 극동 지방에는 모소 대나무라는 특별한 대나무가 있다. 이 나무는 싹을 틔우고 3㎝만 자라고는 시간이 멈춘 것처럼 자라지 않는다. 무려 4년 동안이나 말이다. 그러다가 5년 후부터는 하루에 30㎝씩 자란다. 죽은 듯이 보이던 대나무가 하루 사이 눈에 확연히 드러날 정도로 쑥쑥 자라는 것이다. 그렇게 자란 모소 대나무는 6주간 울창하고 웅장한 대나무 숲을 만든다. 4년 동안 땅속에서 깊고 단단하게 뿌리를 내리고 있었기에, 그 어떤 대나무숲보다 더욱 튼튼하다고 한다. 뿌리를 다지는 시간. 묵묵히 그 시간을 견뎌온 모소 대나무 이야기를 들으며 나에게도 이런 시간이 필요하다며 위로가 되었다. 뿌리 내리는 시간을 견뎌야만 엄청난 성장이 온다. 나는 '언제 결과가 나오나!' 조바심내는 대신 묵묵히 인풋을 하기로 했다.

우선순위는 독서였다. 눈을 뜨자마자 양치하고 커피 한잔을 내려 자리에 앉아 50쪽씩 읽었다. 책을 통해 부자 마인드를 장착하고 성공 사례를 접했다. 앞서간 사람의 간접경험은 시행착오를 줄여준다. 간접경험은 책 저자의 경험담이 가장 효과적이다. 저자가 해냈다면 모두가 해낼 수 있기 때문이다. 머리가 복잡할 때는 얇은 책을 읽으면서 강약을 조절했다. 책을 읽으면 읽을수록, 인풋 없이는 성공이 어렵다는 것을 깨달았다. 그렇기에 독서를 게을리할 수 없었다. 부자가 되고 성공하고 싶었기에 성공한 사람을 롤 모델로 삼고 따라 했다. 이것으로도 반은 성공을 복제한 셈이다.

또 중요하게 여긴 것은 블로그였다. 블로그에 글을 쌓고 이웃들과 소통했다. 특히 당시 내가 진행하고 있던 '절약 밥상'에 관한 글을 쓰니 지루하지 않고 재미있었다. 20년이 넘는 주부 경력을 바탕으로 가성비 있는 집밥 메뉴를 올리고, 식비를 절약하는 방법을 올렸는데 이웃들의 반응이 상당했다. 그러니 블로그를 쓰는 재미에 이웃들의 댓글을 보는 재미까지 더해져 꾸준히 할 수 있었다. 그냥 묵묵히 했다.

인풋 시기는 지루한 자신과의 싸움이라, 가끔은 스스로 보상해 주는 것도 좋다. 내가 한 방법은 부자가 된 모습을 상상하며, 예쁜 카페에서 가장 비싼 커피 한잔을 마시며 멍때리는 시간을 갖는 것이었다. 마치 세상을 다 가진 듯 행복한 사치를 부렸다. 월세 계산기를 두드리는 상상으로 미소가 지어졌다. 정말 힘든 날은 하루 루틴을 접고 행복하게 보냈다. 하루라는 쉼을 주었더니 다시 달릴 힘이 생겼다.

그렇게 새벽 기상, 독서, 블로그를 꾸준히 하던 8개월 만에 첫 아웃풋을 실행했다. 블로그에서 가장 많은 관심을 받았던 '식비 절약'을 컨셉으로 잡아 '식비 절약 프로젝트'를 연 것이다. 그동안 블로그에서 꾸준히 글을 올리며 인풋을 쌓았던 덕에, 관심을 보였던 이웃들이 많이 참가했다. 덕분에 처음임에도 불구하고 꽤 성공적으로 시작할 수 있었다. 이것이 나의 첫 번째 파이프라인이 되었다.

인풋 시기엔 내가 당장 해야 할 일이 무엇일까부터 집중했다. 목표 드러내기, 사명 세우기, 습관 잡기 등 동기부여 강의와 유튜브를 들었다. 동기부여 강의는 의욕이 생기기에 중요한 역할을 한다. 듣고 끝내는 것이 아닌 나에게 적용할 점을 찾았다. 위기가 왔을 때 기회로 만들어야겠다는 생각과 어떻게든 부자가 되어야 한다는 생각이 나를 행동으로 이끌었다.

인생이 변화하려면 매일 사부작거리며 무언가 해야 하는데 그 시간이 참 지루하다. 그러니 그 지루한 것을 못 견디기에 결국 포기하고 만다. 무엇이든 한 번에 되는 건 없다는 것을 기억해야 한다. 4년이나 잠자고 있는 것처럼 보이는 모소 대나무처럼 매일 꾸준히 하는 것만이 정답이다. 그렇게 인풋을 쌓아가는 시간은 오롯이 나에게 달렸다. 누가 도와주었으면 하고 바라는 사람이 꽤 있지만 변화는 나만이 만들어낼 수 있다.

다만, 나는 블로그를 통해 환경을 바꾸고 어떤 사람들과 어울리는 것이 얼마나 중요한지를 깨달았다. 같은 방향을 바라보며 함께하는 동료가 있다면 그 지겨운 인풋의 시간을 견디기가 조금 수월해지는 것이다. 나는 일부러라도 멘토와 조력자를 만들었다. 서로를 끌어주고 칭찬하는 동료가 있기에 지금까지 올 수 있었다. 이웃들 응원은 나를 힘나게 했다. 나의 글을 기다리는 이웃들이 있다는 생각에 하루도 포스팅을 게을리하지 않았다.

함께 하는 이들 중 일부는 조급해하면서 노력은 하지 않고 단숨에 인생이 변화하길 바라는 분들이 꽤 있다. 그 마음을 이해 못하는 것은 아니지만 빠른 결과를 바라면 그만큼 쉽게 지치고 포기하기 쉽다. 게다가 운이 좋아서 인풋의 시간이나 양에 비해 좋은 결과를 냈다면 언젠가는 바닥을 드러낼 수도 있기에 무작정 좋아할 일이 아니다. 그러니 시간의 힘을 믿고, 그 시간 동안은 그저 묵묵히 경험을 쌓아나가야 한다. 힘들어 포기하고 싶을 때마다 꿈꾸는 서여사와 모소 대나무를 기억하길 바란다.

"

50대라서 성공할 수 있었던 또 다른 이유는

유연함이었다.

"

내가 성공할 수 있었던 것은
'50대'였기 때문이다

'나이는 숫자에 불과하다'고들 쉽게 말한다. '나이는 숫자 마음이 진짜'라는 노래 가사도 있다. 하지만 그것도 마음처럼 되지 않는 게 사실이다. 50대에 부자가 되기로 결심해서 살아온 3년의 세월이 쉬웠다면 거짓말이다. 무엇보다 나보다 앞서나가는 젊은 사람들을 볼 때면 자괴감이 더욱 커졌다. 나는 그들처럼 젊지 않고, 몸이 건강하지도 않았다. 더구나 배움이 빠르지도 않았다. 어느 상황 하나 내가 나을 것은 거의 없었다. 하지만 나에게는 누구보다도 큰 절실함이 있었다. 딸아이의 눈물로 피눈물을 흘리며 다짐했던 부자의 길이 아니던가. 나이가 많아서, 돈이 없어서 조건을 재며 핑계 댈 시간도 없었다. 내가 할 수 없는 건 빠르게 포기해야 했다. 대신 가진 조건에서 내가 할 수 있는 일에 전심전력을 다했다.

나는 꾸준함. 이것 하나만은 자신 있었다. 새벽 기상부터 독서, 가계부 쓰기, 시각화일지, 블로그 쓰기까지 새벽 루틴을 이어갔다. 당시에는 새벽 기상 모임에서 활동하고 있었는데, 목표 시간보다 기상이 늦어져도 반드시 인증하면서 마음을 다잡았다. 손이 느려서 블로그를 쓰는 데 3시간이 걸렸지만, 그 역시 하루도 빠지지 않고 해냈다.

나이가 들면 지식을 습득하는 속도가 조금 더 느려진다. 그래서 남들보다 더 집중하기 위해서 애썼다. 강의를 수강할 땐 1시간 전부터 강의 장소에 도착해서 맨 앞자리에 앉아 수업을 집중해서 들었다. 줌으로 강의를 들을 때면 일부러 카메라를 켰다. 줌 수업의 경우 몸은 노트북 앞에 앉아있어도 마음은 딴 데로 가기 쉽다. 수업에 집중하기 위한 나만의 방법이었다.

아웃풋을 낼 때 30대~50대 중 누가 유리할까? 나도 처음엔 두뇌 회전이 빠르고 도구 사용을 잘하는 젊은 사람들이 유리할 거라고 생각했다. 하지만 결과는 달랐다. 함께 시작했던 젊은이들이 하나둘씩 사라지는 걸 나는 많이 보았다. 직장 일이 바쁘고 육아가 힘들다는 이유로 꾸준히 하지 못했다. 절실하게 매달리지 않는 것도 한몫한 것 같았다.

그래서 오히려 내가 더 성공할 수 있었다. 50대는 누가 뭐래도 무언가 시작하기 가장 좋은 나이다. 우선은 시간적으로나 경제적으로 조금 더 여유가 있다. 내가 배움에 투자한 비용을 계산해보니 1,500만 원이 넘었다. 당시 받고 있던 실업급여는 생활비에 써야 하는 돈이었다. 아껴 써가며 배움에 먼저 투자했다. 소중한 돈을 들이는 만큼 그 어느 것 하나 놓치지 않아야 했다. 모르는 건 연습하고 또 연습했고, 과제를 주면 저녁을 굶더라도 1등으로 제출했다. 나의 약점을 극복할 수 있는 모든 방법은 기를 쓰고 해낸 것이다.

50대라서 성공할 수 있었던 또 다른 이유는 유연함이었다. 나는 거창하고 완벽하게 하려고 하지 않았다. 완벽함만 추구하면 완주할 수 없다. 누구에게 보이려고 하는 인증은 안 하느니만 못하다. 온라인에서 새벽 기상 모임을 함께 하다 보면 일어나서 인증사진만 찍고 도로 들어가서 자는 경우도 보았다. 또 남들을 좇아서 하는 무리한 기상은 오히려 독이 된다. 처음부터 자신을 채찍질하면서 자기 계발을 하다 보면 몸에 신호가 오기도 한다. 갑자기 새벽 기상과 안 하던 독서를 하니 몸이 놀라는 것이다. 나도 몸이 아픈데도 매일 하겠다고 고집부린 적이 있었다. 하지만 몸이 보내는 신호를 무시하면 안 된다. 조금 더 유연해질 필요가 있다. 주말엔 기상 시간을 늦춘 덕분에, 나는 3년이 넘도록 꾸준히 새벽 기상을 할 수 있었다. 새벽은 매일 오기에 하루 쉬어 주면 내일 다시 일어설 힘이 생긴다.

50대가 되고 나니 마음에도 여유가 생기면서 소통하는 법을 알게 되었다. 사람이 얼마나 중요한지 깨닫게 된 것이다. 그리고 인간관계에서는 무엇보다 신뢰가 중요하다. 사람의 마음을 얻고 싶다면 상대에게 내 마음을 여는 것이 먼저다. 그리고 진심을 다해야 한다. 내가 빠르게 성장하며 끝까지 해낼 수 있었던 건 내 마음을 먼저 열어 소통했기 때문이다. 시작은 비슷하지만 결과가 다른 이유는 자신만의 욕심이 앞서있고, 소통하지 않아서라고 생각한다.

50대라는 이유로 마음이 급했다. 난들 빨리 성공하고 싶지 않았을까. 하지만 50대라서 부족한 점이 있었고, 그 약점은 강점이 되었다. '인간은 배움을 멈추는 순간 행복에서 멀어지고, 생각을 멈추는 순간 성장에서 멀어진다'라는 글을 책에서 보았다. 멈추지만 않으면 된다. 절대 빠르게 가는 방법은 없다. 늦은 나이로 생기는 불안의 처방전은 할 수 있다고 되뇌는 것이다. '할 수 있다'고 나 자신을 믿고 성장 로드맵을 만들어 보자. 현재 나이와 1년 단위 목표를 적어 놓고 어떻게 성장할 것인가 설계하는 것이다. 할 수 없다는 핑계를 찾기보다 할 수 있는 방법을 찾아야 성장한다. 선택을 하는 건 나의 태도다. 어느 것을 선택하느냐에 따라 나의 미래는 분명히 달라질 것이며, 그 선택의 핑계가 '나이'가 되지 않길 바란다.

> 미래의 내가 조금만 젊었으면 하는 나이가
> 바로 지금이다.
> 체력을 키우는 데 너무 늦은 나이란 없다!

정신력 싸움이 아니라
체력 싸움이다

　부자가 되기로 결심하고 '닥치고 시리즈'를 만들어서 말 그대로 '닥치고' 했다. 새벽 기상, 독서, 글쓰기, 식비 절약, 돈 공부, 종잣돈 모으기. 이 모든 것들에 핑계를 대기 싫었다. 그중에서도 내가 가장 힘들어한 건 운동이었다. 매일 새벽 4시에 일어나는 것도 힘들었지만, 그보다 운동이 더 힘들기에 이불 속에서 얼마나 갈등했는지 모른다. 그래서 의도적으로 가장 하기 싫은 것을 먼저 하기로 했다. 새벽에 일어나면 걷기부터 시작한 것이다. 어떤 핑계도 변명도 필요없다. 그냥 무조건 일어나서 밖으로 나왔다. 운동화 끈을 조여 매고 빠른 음악을 듣거나 오디오북을 들으면서 걷다 보면 처음에 귀찮았던 마음은 사라지고 마음속에는 희망과 다짐이 차오른다.

　운동에 중점을 두었던 이유는 체력의 중요성을 깨달았기 때문이다. 습관을 오래 유지하려면 정신력보다 체력이 좋아야 한다는 걸 새벽 기상을 통해 알았다. 내 인생 역전의 기반은 결국 체력이었다.

체력이 좋다는 건 오랜 시간 동안 활동이 가능하다는 뜻이다. 정신력과 체력은 다른 영역이다. 무엇이 더 중요하다고 묻는다면 나는 체력이라고 답한다. 체력이 좋아야 건강한 몸이 유지된다. 몸이 건강해야 정신력이 강화되기에 밥 먹듯이 운동하는 습관을 의도적으로 실행했다.

사실 난 원래 운동을 좋아하지 않았다. 그 대가일까, 50대 중반에 갱년기가 찾아왔고 물만 먹어도 살이 쪘다. 보기에만 흉한 뱃살이 아닌 위험한 뱃살로 변했다. 심미적인 이유가 아닌 건강상의 이유로 운동이 절실했다. 하기 싫은 운동을 어떻게 할 수 있을까? 고민 끝에 내가 잘하는 방법인 공표를 이용하기로 했다. 청울림이 운영하는 나인해빗에서 강의를 하다가, 엉겁결에 '바디프로필을 찍겠다'는 약속을 한 것이다.

약속했으니 지켜야 했다. 나는 실행의 아이콘 서여사가 아니던가. 하지만 평소에도 운동을 좋아하지 않던 데다가, 오십견으로 왼쪽 팔이 제대로 올라가지도 않던 상황이었다. 이런 몸으로는 운동이 무리였지만 이번에는 남편이 나섰다. 그동안 내가 열심히 살아온 모습을 지켜보던 남편이, 말리는 대신 오히려 함께 도전하면서 힘을 주기로 한 것이다. 팔이 불편한 나를 보면서 남편이 100일 도전을 함께한다고 가족 메신저방에 알렸다. 그러자 딸과 사위까지 관심을 보여서 온 가족의 대대적인 바디프로필 도전이 시작되었다.

그렇게 2021년 11월 3일, 내 인생 첫 PT를 받았다. PT 강사는 다행히 재활치료사 자격이 있는 강사였고 오십견을 먼저 치료하자고 했다. 팔을 짓누르고 강제로 늘리는 고통 속에서 매일 나에게 '서여사 넌 못해, 포기해' 하는 마음의 소리가 들리는 듯했다. 그래도 가족들과 함께였기에, 또 지켜보는 다른 동료들이 있었기에 이를 악물고 참았다. 잘 움직이지 않던 팔이 자유롭게 움직이기 시작했고, 그렇게 체중계의 바늘도 움직이기 시작했다. 조금씩 성과가 보이니 신기하고 신이 났다. 그렇게 마침내! 해내지 못하리라 생각했던 바디프로필을 해냈다. 그것도 온 가족이 함께 바디프로필을 찍었다. 단순히 다이어트에 성공해서 기쁜 것이 아니었다. 내 인생을 내가 뚫으며 사는 사람이 되었다. 그 뿌듯함은 살을 뺀 것과는 비교할 수도 없었다.

올해 58세가 된 남편을 이야기하자면 평생 운동을 해 온 사람이다. 건강검진을 하니 신체나이가 40대 후반으로 나왔다. 100명 중 5등으로 최우수 신체 지수다. 새벽 4시에 일어나 책을 1시간 정도 읽는다. 주식 공부와 부동산 공부로 새벽 시간을 보낸다. 그리고 하루도 빼놓지 않는 루틴은 운동이다. 시간이 많을 때는 헬스장에 가서 운동하고 부족할 때는 매일 스트레칭과 복근 운동을 하고 출근한다. 체력이 밑바탕이 되었기에 가능한 일이다. 그런 남편과 달리, 나는 바디프로필 이후 야금야금 살이 붙기 시작했다. 아니나 다를까 살이 찌니 몸이 무거워지고, 몸이 무거워지니 자꾸 게을러지기 시작한다. 몸이 마음을 따라 가가기도 하지만 마음도 몸을 따라간다. 게으름과 좌절은 체력이 약해졌을 때 찾아오기 쉬운 법이다.

남편과 더불어 내게 영감과 자극을 주는 사람이 또 있다. 바로 동네 가까이 사는 지인이다. 40대 후반 여성인데 매일 10㎞를 달린다. 하루도 빠지지 않고 무려 700일을 달렸단다. '무릎이 아프지 않을까? 발목에 이상이 없을까?' 하며 멈칫하는 나와는 다르게 매일 도전하고 있다. 강추위나 비 오는 날에도 아랑곳하지 않는다. 매일 새벽에 달리니 그야말로 아침마다 승리하는 사람이다. 그녀를 보는 것만으로도 건강한 자극이 되었다. 다시 한번, 운동화 끈을 조이고 걷기부터 시작했다. 매일 만 보 이상 걸으며 다시 체력을 키우고 있다.

늘 피곤한 사람이 운동한다고 곧바로 체력이 향상되지는 않는다. 내 경우 신체가 서서히 적응하면서 체력이 강해짐을 느꼈다. 책을 읽다가 졸음이 오는 것도 체력이 부족하기 때문이었다. 아침에 일어나기 힘들다면 체력이 부족해서다. 새벽 기상을 하지 않고, 운동하지 않는 것은 몸이 편하다. 그러나 편함이 반복되면 모든 걸 포기하고 싶어진다. 나 자신을 이기고 싶다면 체력을 키우자. 몸을 먼저 키워야 정신이 키워진다. 기업 매출은 대표의 체력과 비례한다는 말을 들은 적이 있다. 체력이 좋아야 회사를 이끌어간다. 미래의 내가 조금만 젊었으면 하는 나이가 바로 지금이다. 체력을 키우는 데 너무 늦은 나이란 없다!

"

조금 늦어도 괜찮다.

타인을 의식하는 게 아닌 어제의 나와 비교하자.

"

6

포기는
최선을 다한 사람만이 하는 것

요즘 같은 인터넷 시대에 나는 아직도 소위 말하는 독수리타법을 사용한다. 지금 이 원고도 두 손가락으로 쓰는 중이다. 연습해봤지만 잘 고쳐지지 않는다. 남들은 한 시간 동안 한 장을 넘게 쓴다면 나는 속도가 느려 반장도 채우지 못한다. 남들보다 두세 배를 노력해야만 똑같은 것을 완성할 수 있다는 뜻이다. 뒤늦은 나이에 부자가 되기로 결심하고 했던 모든 일들이 다 그랬다. 그러니 아무리 열심히 살아도 포기하고 싶을 때가 있었다.

컴퓨터라는 도구도 잘 모르던 시절, 전자책을 쓰겠다고 멋모르고 덤볐다. 내가 힘든 것도 힘든 거지만 가르치는 선생님을 힘들게 할 땐 너무도 미안한 마음에 포기하고 싶었다. 그래도 어떻게든 해보겠다고 마음을 고쳐먹었지만, 전자책 승인이 세 번째 반려되었을 때 좌절했다. 그냥 다 포기하고 싶은 마음이 굴뚝같았다. 지금은 혼자서도 승인받으며 5권의 전자책을 낸 저자가 되었다. 종이책을 쓰겠다고 했을 때는 유명한 작가만이 책을 쓰는 거라며 가족들이 말렸다. 나 역시 두려웠다. '이 독수리타법으로 책 한 권을 쓴다고?' 책을 쓰는 동안에도 몇 번은 포기하고 싶었지만, 그 시간을 견뎌내고 어엿한 베스트셀러 작가가 되었다. 인생이 바뀌는 시점은 작가가 된 그 이후였다.

남들은 내가 실행력이 좋아서 쉽게 했다고 생각한다. 나는 의도적으로 몰입하며 행동했다. 무슨 일이든 될 때까지 한다. 될 때까지 하니 안 되는 일이 없다. 다만 속도가 느릴 뿐이다. 포기는 최선을 다했을 때 하는 것이다. 최선을 다한 사람만이 실패해도 후회가 없다. 게다가 실패는 재도전할 기회가 있다. 포기하지 않는다면 다시 도전해보고 판단해도 늦지 않다.

송도에 살 때 자주 가는 센트럴파크에는 흔들의자가 있었다. 앉아있으면 센트럴파크 호수와 달 모양의 배, 높은 건물까지 한눈에 보인다. 밤에 가면 야경이 정말 예쁜 곳이다. 한참 인풋을 하며 자기 계발할 당시 힘들 때마다 가서 앉곤 했다. '나는 할 수 있다. 할 수 있다. 비교 대상은 나 자신이다.' 매번 다짐하곤 했다. 이렇게 목표를 포기하지 않게 도와주는 나만의 방법을 찾아보자. 예를 들면 변화된 1년후 내 모습을 그려본다거나, 글로 구체적으로 적어보는 것이다. 비전보드도 효과가 있다. 밑에는 나를 중간에 포기하지 않게 도와준 몇 가지 방법을 적어보았다.

> • **구체적인 목표 설정** : 목표를 구체적으로 설정하고 달
> 성을 위한 계획 세우기
> • **긍정적인 마인드셋** : 자기 능력을 믿고 가능성을 인정
> 하기
> • **끊임없는 동기부여** : 자신이 원하는 결과물을 상상하
> 며 시각화하기
> • **지속적인 행동** : 매일 꾸준히 루틴을 시도하면서 노력
> 하기
> • **멘토에게 도움받기** : 힘들면 멘토에게 조언을 구하거
> 나 동료에게 도움받기

실제로 내가 포기하고 싶을 때마다 했던 방법들이니 도움이 되길
바란다. 나 역시 이렇게 구체적인 방법을 실행하면서 되돌아갈 곳이
없음을 상기했다. '절대로 포기하지 마라, 절대로 포기하지 마라, 절
대로!' 수험생들에게 동기부여를 주는 〈멘탈 훈련소〉 유튜브에서 이
문구를 본 나는 어떤 상황에서도 포기하지 않겠다고 다짐했다.

코칭을 하거나 프로젝트를 하면서 보아온 사람 중에 쉽게 포기하
는 사람들은 공통적인 특징이 있다. 허황된 꿈을 가진다. 마치 로또

같은 대박을 기대한다. 이제 막 시작하면서 3년을 열심히 한 사람과 똑같아지려고 한다. 시간과 인내가 필요하지만, 그 시간을 기다리지 못한다. 포기하는 모든 사람의 공통점은 조급함이다. 한 번에 실행하려고 하니 과부하가 와서 쉽게 지쳐 떨어져 나간다.

나보다 앞서가는 사람이 있다고 무리하는 것도 또 다른 공통점 중에 하나다. 내가 제시한 시간이라고 꼭 새벽 4시에 일어날 필요는 없다. 새벽 기상만이 성공의 열쇠는 아니다. 자신의 속도를 지켜야만 끝까지 해내는 사람이 된다. 포기하지 않는 방법은 나만의 페이스대로 가는 것이다. 남을 의식하지 말고 무리하지 않아야, 끝까지 계속할 힘이 생긴다. 목표 지점에 도달한다는 것만 바라보고 욕심을 부리면 노력이 아닌 포기라는 선택을 하게 된다. 조금 늦어도 괜찮다. 타인을 의식하는 게 아닌 어제의 나와 비교하자. 조급한 마음만 다스려도 절대 포기하지 않는다. 포기에도 고통이 따른다. 못하는 사람이 될 수는 있어도 안 하는 사람은 되지 않았으면 한다.

"

변화는 혼자 오지 않는다는 것,
그 믿음으로 오늘도 묵묵히
혼자만의 새벽을 밝히는 당신을 응원한다.

"

변화는 혼자서 오지 않는다

앞에 적어 둔 것처럼, 부자가 되겠다고 결심하고 열심히 한 일 중의 하나가 새벽 기상이었다. 그때 나의 핸드폰 알람은 새벽 3시 55분에 맞춰져 있었다. 굳은 결심만큼이나 습관도 굳어져 있었으니 새벽에 일어나는 것이 쉽지만은 않았다. 매일 울리는 알람 소리는 마치 꿈에서 들리는 것처럼, 멀리서 울리는 남의 소리인 것만 같았다. 울려도 이불 속을 파고 들어갈 때도 있고, 자장가 삼아서 듣다가 화들짝 놀라 일어난 날들도 있다.

어느 날은 내가 꽤 오래 알람을 끄지 못했나 보다. 옆에서 자던 남편이 참지 못하고 화를 버럭 내버렸다.
"지금 몇 시야? 이 시각에 자는 사람을 깨워야겠어?"
남편의 목소리에 정신이 번쩍 들었다.
"잠 깨워서 미안해 다시 자."
사과하고 거실로 나와서 책을 폈지만, 마음 한편에 서운함도 들었

다. 나 혼자 잘살자고 이러는 것도 아니고 그렇게까지 화를 낼 일인가 싶었던 거다. 남편도 물론 아침 일찍 출근해야 하는데 새벽마다 잠을 깨는 것도 고역이었을 테니 이해도 된다.

지금도 종종, 자기 계발을 하고 싶은데 가족들의 반대가 있다고 고민을 토로하는 분들을 만난다. 새벽 기상을 하는 것도 책을 읽고 블로그를 쓰는 것도 지금 당장 돈이 되지는 않는다. 그러다 보니 남편이나 아내가 왜 그리 힘들게 살아야 하냐며 쌍수를 들고 반대하는 예도 종종 있다. 그 반대를 이기지 못해 굳은 결심으로 시작했지만, 작심삼일로 끝나 버리는 일도 있다. 요령껏 해나가는 수밖에 없다. 강요해서는 더더욱 안 되는 일이다. 그래서 나는 그저 묵묵히 내가 해야 할 일을 해냈다. 닥치고 시리즈를 끊임없이 했고, 여러 책에서 본 '100일 100번 쓰기'를 하면서 꿈에 한 발자국 더 다가가려고 노력했다. 종이 위에 쓰면 기적이 이루어진다고 하니 귀찮고 힘들어도 꾹꾹 참으며 해냈다. 기적처럼 이루어진 경우도 많았다. 물론 어떤 일들은 아직 이루어지지 않은 것도 있다.

그런데 생각지도 못한 변화가 찾아왔다. 바로 가족의 변화였다. 함께 하자고 말하지 않았다. 그냥 묵묵히 나의 길을 갔을 뿐인데 그 안에서 크고 작은 성과를 보여주자 굳이 강요하지 않아도 가족들이 나를 따라 하기 시작한 것이다. 가족이 함께 찍은 바디프로필이 그렇고, 지금도 여전히 새벽 기상을 함께 하는 남편이 그렇다. 남편 역시 자기만의 루틴을 세워서 아침 시간을 알차게 보낸다. 덕분에 40대 못지않은 체력을 얻었고, 인생의 많은 부분을 남편과 공유할 수 있으니 사이도 더욱 좋아졌다. 아들에게는 내가 큰 도움을 받았던 '청울림의 자기혁명캠프'에 가보지 않겠냐고 넌지시 물었다. 예전이라면 강하게 거부했을 녀석인데, 매형과 함께 가면 가겠다고 하는 것이다. 아들과 사위는 절친인데 그래서 엉겁결에 사위까지 참여하게 되었다. 물론 나는 기쁜 마음으로 두 사람의 비용까지 대주었다. 그렇게 두 사람이 나의 후배가 되어 합류했다.

강의 첫날 함께 다꿈스쿨을 찾았다. 청울림 선생님께서 시작 전 '강제로 끌려온 사람 손 드세요!' 하니 아들이 번쩍 손을 들었다. 어쩌면 엄마에 대한 반항심이었는지도 모르겠다. 그랬던 아들이 다음 날부터 새벽 기상을 시작했다. 우리 가족 메신저 방에는 가족들의 새벽 인증사진이 올라왔다. 원래 새벽 기상을 하던 우리 부부, 거기에 아들과 사위, 마지막으로는 딸까지 합류했다. 그렇게 온 가족이 각자의 자리에서 새벽 기상을 하고 책을 읽었다. 아들은 적극적으로 수업에 참여했고, 사위는 마지막 수업시간에는 노래까지 불렀다고 한다. 지금은 사위가 100번 쓰기를 시작했다. 딸이 산후조리하는 중에도 우리 집에서 꾸준히 하는 걸 보았다. 나는 사위가 성공할 거라는 확신을 한다. 내가 먼저 시작했고, 남편의 변화, 그리고 자녀들까지도 스며든 모습을 보면 너무 뿌듯하고 자랑스럽다.

사람은 환경의 영향을 많이 받는다. 부자 되는 3요소 중 환경을 바꾸라는 말이 있을 정도다. 어떤 사람과 어울리느냐가 그 사람의 미래를 결정하게 된다는 것이다. 가족들은 물론이고 온라인 세계에서도 나를 찾는 분들이 늘었다. '멘토'라고 해주시는 분들도 많다. 그만큼 무거운 책임감을 느끼기도 하지만 그만큼 행복하고 감사한 일이다. 나의 변화가 다른 누군가의 변화, 나아가 그 가족의 변화까지 불러올지 모른다고 생각하니, 하루도 게을리 살 수 없게 된다.

사람은 두 부류로 나뉜다. 알려주면 행동하는 사람과 절대로 행동하지 않는 사람으로 말이다. 그런데 그냥 지식으로만 말로만 알려주는 것보다 좋은 방법은 내가 몸으로, 삶으로 알려주는 것이다. 자식이 부모의 말을 듣고 자라는 것이 아니라 부모의 모습을 듣고 자라는 것처럼 말이다. 가족들을 변화시키고 싶다고 섣불리 생각하기 전에, 우선은 나의 모습부터 바꿔야 한다. 긴 시간 묵묵히 그 일을 해내고 있다면 변화는 주위에서 먼저 알아챌 수밖에 없다. 그리고 당신을 따라 하기 시작할 것이다. 변화는 혼자 오지 않는다는 것, 그 믿음으로 오늘도 묵묵히 혼자만의 새벽을 밝히는 당신을 응원한다.

2부

성장, 나이는 뒤처짐이 아니라
성장의 발판이다
— 시간 부자가 되는 부자 매뉴얼 따라 하기

"

성공하는 방법은 딱히 없다.

그냥 시작하는 것이다.

시작하고 수정하고, 또 수정하면 된다.

"

부자를 꿈꾼다면 닥치고 시리즈

극도로 집중하고 몰입하며 살아온 지 3년이 지났다. 자존감이 지하에 처박혀 바닥이었던 내가 다꿈스쿨 정규 강사가 되고, 40대~50대에게 희망이 되었다. 멘토가 되어 그들이 지금과 다른 삶을 살 수 있도록 도와주는 사람이 되었다. 몇 번이고 생각해도 나에게 일어난 이런 일들이 신기하고 놀랍고 감동적이다. 3년 만에 성공할 수 있었던 간절함 때문이었다. 더 이상 되돌아갈 곳이 없기에 해야만 했다. 성공하는 방법은 딱히 없다. 그냥 시작하는 것이다. 시작하고 수정하고, 또 수정하면 된다. 부자 습관을 장착하고 내가 3년간 실행했던 닥치고 시리즈만 잘 따라 해도, 이 책을 읽는 여러분 인생은 바뀔 것이다.

'닥치고 그냥 해, 힘들면 힘든 대로 하는 거야. 어려운 건 어려운 대로 해야 해'

힘들 때마다 그냥 하자고 되뇌이며 스스로를 세뇌했다. 닥치고 새벽 기상부터 하나씩 따라 하다 보면 할 수 없었던 사람이 할 수 있는 사람으로 변한다. 하고자 하는 사람만이 성공한다. 시간 부자가 된 내가 실천했던 부자 매뉴얼이다. 부자 매뉴얼에는 6가지 미션이 있다.

1. **새벽 기상**: 4시~6시 30분 안에 기상하기
2. **독서**: 1주일에 2권 읽기(전략독서 하기)
3. **블로그**: 매일 블로그 1 포스팅하기
4. **식비 절약**: 일주일 7만 원으로 살기
5. **돈 공부**: 경제지표, 경제 기사 읽기
6. **운동**: 30분~1시간 운동하기

닥치고 새벽 기상

앞서 말한 부자 매뉴얼을 시도했다면, 여러분은 이미 부자 여행에 탑승한 것이다. 그런데 왜 「닥치고 시리즈」라는 이름을 붙였을까? 속된 말이지만 정말 닥치고 따라 하면 인생이 바뀌기 때문이다. 그런데 많은 이들이 알려줘도 하지 않는다. 지금까지 써오지 않은 곳에 시간과 에너지를 써야 한다는 불편함을 참지 못한 것이다. 편하게 살아

온 습관 때문에 우리 몸이 거부하더라도 의식적으로 시도해보자.

내가 3년간 열심히 실행했던 부자 매뉴얼 「닥치고 시리즈」의 기본은 새벽 기상과 독서였다. 기상 후 두세 시간은 두뇌의 골든타임이다. 이 시간을 값지게 보내야 한다. 잠에서 깨어났다면 기상 후에 해야 할 자신만의 루틴을 정하는 것이 좋다. 하루를 시작한다는 자신만의 신호탄을 쏘아 올리는 것이다. 많이들 사용하는 방법으로는 아무리 추워도 창문을 열어서 환기하거나, 양치하는 사람도 있고, 무의식의 힘을 이용해 시각화를 하거나 긍정 확언을 필사하기도 한다. 그렇게 여러 가지 방법을 하다 보면 자신에게 딱 맞는 나만의 아침 의식을 찾을 수 있을 것이다.

내가 추천하는 방법은 커피다. 나는 일부러 그라인더에 원두를 갈아서 커피를 내려 마신다. 졸음 방지용이기도 하고 일종의 나만의 의식이기도 하다. 드륵드륵 원두를 갈고, 똑똑 떨어지는 커피 방울을 보면서 오늘 하루는 어떻게 보내야 할지, 다짐하고 생각해보는 시간을 보낼 수 있다. 아직 아침 루틴을 못 찾은 사람이라면 이 방법도 추천한다. 중요한 것은, '방법'이 아니라, 즉각적인 실행. 만약 이 시간에 잠은 깼어도 멍하니 누워서 휴대전화기를 본다면 차라리 편하게 자는 게 낫다.

물론, 새벽에 일어날 때마다 포기하고 싶었던 적이 한두 번이 아니다. 아직도 매번 작심삼일을 겪는다. 늦게 취침했던 사람이라 '새벽 기상'이 힘들었다. 새벽 기상을 작심한 후 첫날에는 4시 30분에 일어났다. 4시는 내가 일어날 수 있는 시간이 아니었다. 둘째 날에는 새벽 4시 15분에 일어났다. 둘째 날은 긴장한 탓인지 눈이 잘 떠졌다. 셋째 날은 다행히 4시에 일어났다. 넷째 날에는 작심삼일의 법칙 때문인가 다시 4시 30분에야 일어날 수 있었다. 4일쯤 되니 '나는 새벽 기상을 못 하는 사람인가' 잠깐 자괴감에도 빠지지만, 5일째 되면 다시 해볼까 하는 생각이 들기에 기상이 수월해졌다. 작심삼일도 계속하면 습관이 되는 것인지, 어느새 나의 기상 시간은 4시로 정해 지금까지 이어오고 있다.

새벽 기상이 어려운 가장 분명한 이유는 수면 시간이 부족하기 때문이다. 그래서 '미라클 모닝은 미라클 나이트에서 시작한다'라는 말이 있다. 늦게 잠든다면 새벽 기상은 사실상 불가능하다. 종종 밤 시간을 '나만의 휴식 시간'이라고 생각하는 분들도 있다. 하지만 밤에는 누구나 다 의지력이 떨어지면서 뭔가 편하게 보내고 싶은 마음에 소비적으로 보내게 된다. 의미없는 밤 시간 약간과 새벽 시간 2시간을 바꾼다고 생각하자. 나만의 밀도 있는 시간을 새벽에 만드는 것이다. 작심삼일 가운데서도 몇 번 새벽의 활기를 경험하게 되면 그 매력에 빠지게 될 것이다.

닥치고 독서

독서는 생산적인 삶을 살아가는 데 필요한 도구다. 책 읽을 시간이 없는 현대인이 가장 활용하기 좋은 시간은 새벽이다. 그래서 나는 닥치고 시리즈 중 '새벽 기상과 독서'를 세트처럼 묶어서 강조한다. 세상이 고요히 잠든 시간 2시간을 빼내어 몰입 독서를 하면 책이 술술 읽힌다.

독서의 정의를 검색해보면 '심신을 수양하고 교양을 넓히기 위하여 책을 읽는 행위'라고 쓰여있다. 책을 많이 읽는 사람은 타인과의 대화에서 공감 능력이 좋다. 독서의 가치와 중요성은 많은 이들이 알고 있다. 책은 지식과 정보를 전달한다. 책에는 타인의 삶이 녹아 있어 내 삶에 적용하기도 좋다. 책은 가장 좋은 스승이며, 필요한 정보가 들어있는 생산적인 도구이기도 하다. 가스통 바슐라르[2]는 책은 '우리의 꿈을 꾸게 하는 스승과도 같다'라고 말하기도 했다. 독서는 자존감도 높여준다. 사람들이 책을 읽는 궁극적인 이유는 무엇일까? 나답게 살아가는 방법을 배우기 위해서다. 독서를 하며 나에게 많은 질문을 던져보았다. 질문은 뇌를 생각하게 만들며 움직이게 해준다. 질문에 답을 하기 위해 깊게 생각하는 시간이 많아졌다. 책 속에서 지혜를 얻었고, 책 속에 모든 해답이 들어있었다.

2) 프랑스의 과학철학자이자 문학비평가. 구조주의(構造主義)의 선구자이며 시론(詩論) ·이미지론(論)으로도 유명하다.

다만 읽는 것에 그치면 그 해답은 온전히 나의 것이 되지 않는다. 나는 책을 읽으면 무조건 한 가지라도 적용할 점을 찾는다. 기록하고 적용했기에 크게 성장했다. 책을 읽는 방법은 사람마다 다를 것이다. 어떤 이는 눈으로만 읽는가 하면, 메모하며 줄을 그으며 읽는 사람도 있다. 나는 독서 모임에서 책을 다루는 방법을 배웠고 나의 삶에 적용하는 데 많은 도움을 받았다. 그 방법을 소개해본다. 크게는 책을 손에 길들이는 단계에서부터 마지막으로 한 문장으로 정리하기까지, 그 단계를 몸에 익혀두면 좋다.

TIP: 책을 대하는 방법

1. 종이책 냄새 맡아보기
2. 앞뒤로 책을 구부리기
3. 앞뒤 손으로 누르기
4. 책 절반을 갈라서 뒤로 접기
5. 책에 바람 넣기

TIP: 사전 독서 방법

1. 책 표지 앞장에 날짜 적기
2. 작가 조사하기
3. 전체적으로 책 한 번 훑어보기
4. 예상되는 키워드 3개 작성하기

TIP: 독서 방법

1. 한 손에 펜을 들고 읽기
2. 중요한 페이지는 귀접기
3. 와 닿는 부분 밑줄 치며 읽기
4. 펜으로 나만의 생각 책에다 적어보기

TIP: 적용 방법

1. 이 책의 키워드 3개 적기
2. 좋았던 대목 1개 이유를 설명하기
3. 이 책을 읽고 한 문장으로 정리한다면?
4. 나에게 적용할 점 찾아보기

부자로 만들어 줄 방법인 독서를 지금부터 시작해 보자. 독서를 하지 않는 부자는 없다. 바쁠수록 시간을 쪼개어 책을 읽어야 한다. 새벽 기상과 함께하면 더욱 좋겠지만, 틈새 독서라도 해보면 어떨까? 틈새 독서란 이동하는 대중교통 안에서나, 화장실 안에서 짧게 하는 독서를 말한다. 휴대전화기를 보기보다는 독서를 틈틈이라도 해보면 책 읽는 재미에 빠져서 일부러 시간을 내는 일이 생길 것이다. 부디, 책 속에서 부자로 가는 길을 찾길 바란다.

도움 되는 독서 리스트(한줄 요약)

1. 놓치고 싶지 않은 나의 꿈 나의 인생(나폴레온 힐)
   - 성공을 믿는 사람만이 성공할 수 있다
2. 사람은 무엇으로 성장하는가?(존 맥스웰)
   - 나를 신뢰하고 나에 대해 확신하면 성장한다.
3. 원씽(게리 켈러, 재이 파파산)
   - 성과를 내는 방법은 한 가지에 집중하는 것이다.
4. 마케팅 설계자(러셀 브런슨)
   - 사업하거나 마케팅 종사자는 필독서다
5. 부자 아빠 가난한 아빠(로버트 기요사키)
   - 부자들의 사고방식, 금융 가치관에 깨달음을 준다

닥치고 블로그

언택트 시대인 지금 온라인 명함은 블로그다. 블로그는 자신을 알릴 수 있는 가장 강력한 도구이자 모든 성공의 시작이다. 유튜브가 대세지만 촬영이나 편집 같은 진입장벽이 있고, 처음 자신을 알리는 사람들에겐 말보다 글이 더 편하기 때문에 블로그를 추천한다. 블로그는 장점이 많다. 우선 어떤 제약도 없이 편하게 글쓰기를 하면서 자신을 드러내는 통로가 될 수 있다.

블로그가 처음인 사람은 일상부터 쓰면 좋다. 첫 시작부터 욕심을 부리기보다는, 우선 짧게라도 글을 올리는 것을 목표로 하자. 매일 1일 1포스팅을 하면 글쓰기 연습이 저절로 된다. 그렇게 꾸준히 블로그에 글을 쓰다 보면, 재미와 수익성이 좋다는 걸 알게 된다. 50개 정도의 글을 쌓았다면 네이버 애드포스트에 신청해 보자. 선정되면 네이버가 내 블로그에 광고를 달아주고, 이는 곧 수익으로 연결된다. 꼭 수익으로 연결되지 않아도 좋다. 여행의 기억, 맛집 탐방, 나만의 일상을 기록하면 나의 추억 저장소로도 훌륭한 역할을 한다.

1인 브랜드를 만들고 싶은 사람이라면 전략적으로 블로그를 운영하는 것도 좋지만, 기록이 쌓이면서 그것이 나의 브랜드와 콘텐츠가 되는 경우도 많다. 나도 처음에는 글감의 제한이 없는 블로그의 장점을 십분 활용해 자유로운 글감으로 폭넓게 쓰고 있었다. 그러다가 블로그에 식단을 올리거나 식비 절약에 관한 내용을 올렸을 때 반응이 좋다는 것을 알게 됐고, 조금 더 방향을 뾰족하게 했다. 덕분에 블로그를 시작한 지 6개월쯤 되었을 때 '일주일 7만 원 살기' 노하우로 식비 모임도 운영하면서 나의 첫 번째 파이프라인을 하나 만들게 되었다. 이로써 서여사는 절약하고 아끼는 사람이라는 블로그 속 정체성이 생기면서 냉장고 정리부터 식단 짜기, 장보기 노하우는 물론 통장 쪼개는 방법까지 기록하면서 블로그 콘텐츠를 확장해갈 수 있었다.

특히 책을 내고 싶다면 블로그를 먼저 시작해 보는 것이 좋다. 블로그에 썼던 글을 한글, 워드 파일에 자기 생각을 토해낸다고 생각하고 써 보는 것도 괜찮다. 나 역시 블로그로 어느 정도 글쓰기에 자신감이 생겼을 때 책 쓰기에 도전했다. 블로그의 글감들을 모아 책을 낸 것이다. 매일 블로그를 쓰면서 글 쓰는 근육이 생겼고, 이미 기록이 되어 있으니 일종의 뼈대가 있는 셈이라 조금 더 수월하게 책을 쓸 수 있었다.

누구나 작가가 되는 세상이다. '시작이 반이다.'라는 말이 있듯이 책 쓰기를 마음먹었다면 일단 쓰기 시작하는 게 중요하다. 그 도구로 블로그는 아주 훌륭한 역할을 한다. 나의 기억을 저장해주는 창고이면서도 나의 역사를 기록한 자료 보관소이다. 책을 쓸 때 내가 이미 쌓아놓은 블로그의 방대한 기록을 하나씩 살펴보다 보면 곶감 빼먹듯 이야깃거리가 하나씩 생기는 재미를 경험할 수 있을 것이다. 또 나의 이야기가 노출되는 곳이기도 하지만 사람들의 반응을 살펴보는 시장이 될 수도 있다. 나 역시 공감을 많이 얻은 글을 활용해 책을 썼고, 덕분에 더 좋은 반응으로 이어질 수 있었다. 글을 쓰는 장소이자 나만의 관점을 표출할 수 있는 장소인 만큼 블로그를 잘 활용해보길 바란다.

닥치고 식비 절약

월세 받듯 돈 모으는 마법은 식비 절약이다. 더는 수입을 늘릴 수 없었던 나는 지출을 줄였다. 나가는 돈 구멍을 모두 틀어막았다. 그 첫 번째가 바로 식비였다. 절약해야 할 가장 첫 번째로 식비를 강조하는 것은 식비를 대하는 태도와 마음가짐이 마지막을 결정짓는 가장 중요한 요소이기 때문이다. 알다시피 음식은 생존에 반드시 필요하다. 그래서일까, 식비를 대하는 마음이 '먹는 데까지 아끼면 어떡해. 다 먹고 살려고 하는 건데'라면서 너그러운 게 사실이다. 그리고 이런 자기합리화는 불 보듯 뻔하게 다른 소비에도 적용이 되기 마련이다.

실제로 많은 부자 매뉴얼을 통해 식비 절약에 돌입한 분들은 식비를 이렇게까지 많이 쓰는지 몰랐다고 이야기한다. 그리고 자신의 태도를 돌아보게 된다. 마트에서 식재료를 잔뜩 사다가 다 활용하지 못하고 그냥 쓰레기통으로 버리는 자신의 모습이 결국 생활 전반을 야금야금 좀먹고 있음을 깨닫게 되는 것이다. 반대로 먹는 걸 아끼게 되면 소비하는 태도와 습관이 바뀌면서 좋은 습관이 생활 속 전반에 자리 잡게 된다. 물론 식비 절약은 그만큼 어렵고, 그래서 모든 것의 열쇠가 될 수 있다.

이 어려운 식비 절약을 조금이라도 쉽게 방법을 알려드리는 것이 내가 할 일이었다. 4인 가족이 일주일 7만 원으로 살아가는 다양한 방법을 공유하고 실천할 수 있도록 독려했다. 냉장고 먼저 정리해서 냉장고 지도를 그리고, 음식 재료를 냉동하는 방법은 많은 분들이 효과를 봤다. 갑자기 허리띠를 졸라매서 가족들이 지겨워하거나 힘들어하지 않도록 가성비 좋은 집밥을 연구해서 알려드리자 자신만의 방법을 적용해 나가면서 식비 절약에 성공하는 분들이 많아졌다. 과거에 돈을 펑펑 쓰거나 욜로였던 사람도 식비 절약을 배우고 나면 변한다. 소비를 좋아하는 사람이라면 꼭 들어야 할 프로젝트다.

식비 절약과 함께 꼭 가져가야 할 습관은 가계부 쓰기다. 우리는 적은 월급과 낭비에서 오는 불편함 때문에, 무의식적으로 가계부를 멀리한다. 재정 상태를 마주하고 싶지 않겠지만, 분석해야 지출을 잡을 수 있다. 가계부를 쓰는 목적은 절약이다. 나는 이 목적을 극대화하기 위해 손으로 가계부를 쓰고 있다. 손글씨로 쓰다 보면 스스로 피드백도 하고 반성도 하고 무지출인 날엔 뿌듯함도 생긴다. 왜 돈을 절약해야 하는지 뾰족하고 명확한 목표를 적어두면 흔들리는 마음을 다잡는 효과가 있다.

또한 가계부를 쓰면 자기 분석이 가능하다. 우리 생활 속 소비가 '감정'에서부터 출발하는 경우가 많다. 식비만 해도 힘들고 우울한

날일수록 배달음식을 시켜 먹게 된다고 이야기하곤 한다. 가계부를 적으면서 소비의 이면 속 내 감정을 들여다보면, 나중에는 돈을 쓰지 않아도, 자신의 마음을 어루만지는 방법을 알게 되고, 미리 소비 방어를 할 수도 있다. 사지 않고 참은 금액을 절약 노트에 적는 방법도 추천한다. 나 역시 먹고 싶은 것, 사고 싶은 것을 사지 않을 때마다 적었다. 적다 보면 내 감정을 정리하는 한편, 이 금액을 아꼈다는 마음에 뿌듯해지기도한다.

닥치고 돈 공부

한 달에 150만 원 이상 나오는 카드값에 가계경제가 흔들릴 정도였다. 맞벌이를 해도 매달 마이너스였다. 가계부를 쓰면서 나의 돈 공부가 시작되었다. 『절박할 때 시작하는 돈 관리 비법』은 내 삶을 바꿔 놓았다. 돈 공부를 제대로 하고 싶었다.

도서관에 가서 '돈', '부자'라고 쓰여 있는 책 제목을 보면 닥치는 대로 읽고 또 읽었다. 『EBS 자본주의』 책을 읽고 영상을 시청할 땐 부자가 되고 싶다는 마음이 더 간절해졌다. 소개하고 싶은 4권의 책이 있다. 『부자 아빠 가난한 아빠』, 『백만장자 시크릿』, 『부의 추월차선』, 『돈의 속성』이다. 이 4권의 책을 읽은 후부터 뼛속까지 장착된 가난한 마인드가 부자 마인드로 바뀌었고, 돈에 대한 태도가 달라졌다.

물론, 공부만큼 중요한 건 실행이다. 나는 제일 먼저 신용카드를 없애야 한다고 책 속 내용을 따라 신용카드를 없애기로 했다. 당시 모든 지출을 카드로 하고 월급으로 막고 있었는데 계획성 없이 무조건 카드를 긁다보니 항상 월급이 모자랐다. 한 번의 큰 변화가 필요한 시점인만큼 굳은 결심을 했다. 4개의 신용카드를 탈회할 때 카드에 남은 잔액을 모두 갚아야 했다. 조금 넣어 놓은 적금을 해약해 전부 갚았다. 탈회 후 카드값이 안 나오니 가계부를 쓰고 돈을 모으는 재미도 생겼다. 신용카드가 없어도 아무 일도 일어나지 않았다.

책만큼이나 돈 공부하기에 가장 좋은 건 경제 기사, 즉 신문 읽기이다. 인터넷 신문보다는 종이 신문 읽기가 도움이 되었다. 처음엔 경제 용어가 어려워 제목만 읽었다. 마음에 드는 기사를 하나 정해 읽는 방법으로 시작했다. 지금은 어렵지 않게 줄을 그으며 읽고 있다.

경제 기사와 쉽게 친해지는 법

1. 인터넷 신문보다 종이신문 읽기
2. 신문에 큰 글자 헤드라인만 모두 읽기
3. 경제신문 1면 기사 픽해서 읽기
4. 기사에 밑줄 쳐서 화장실 벽에 붙여놓기
5. 읽은 기사에 대한 내 생각을 블로그에 적어보기

돈 공부에는 강의도 빼놓을 수 없다. 부자가 되기로 결심하고 나를 위한 투자라는 생각에 강의를 많이 들었다. 부동산 책을 읽으니 용어가 어려워 도통 머릿속에 들어오질 않았는데 강의를 통해 들으니 이해하기 더 쉬웠다. 하락장에서 투자 실패 후 강의장에서 부동산 기초와 중급반을 들었다. 전반적인 흐름을 알고 싶었다. 왜 상승과 하락이 있는지, 수요와 공급이 무엇인지 알아야 했다. 덕분에 실패의 원인을 짚어보는 소중한 경험을 할 수 있었다.

부자 매뉴얼을 운영하면서도 내가 모르는 분야는 외부 강사님을 모셨다. 회원뿐 아니라 나에게도 돈 공부를 할 기회이기 때문이다. 나중에는 자신에게 알맞은 강의를 찾는 눈도 생기게 되었다. 강의 역시, 그냥 듣기만 하는 데서 그치지 말고 아주 작은 실행이라도 하나씩 해야 한다는 사실을 꼭 기억하길 바란다.

닥치고 운동

살면서 급하지는 않지만 중요한 것은 운동이다. 체력은 우리에게 없어서는 안 될 존재다. 앞서서 나는 내가 50대에 성공할 수 있었던 이유의 하나로 체력을 들었다. 그만큼 체력은 부자가 되는 데 있어서 중요한 요인이니 부자 매뉴얼에 빼놓을 수 없다.

지금 몸이 힘들다면 체력이 약해서다. 중간에 포기하는 사람을 보고 정신력이 약하다고 말하지만, 체력이 약해서 포기하는 것이지 절대로 정신력이 약해 포기하는 게 아니다. 새벽 기상도, 돈 공부도 체력이 필요하다. 지난 3년간 자기 계발을 하면서 체력의 중요성에 대해서 온몸으로 깨닫게 되었으니, 아무리 강조해도 부족함이 없다.

차비를 아끼려고 걸어 다니기 시작한 것이 체력향상에 도움이 되었다. 걷기는 어르신도 할 수 있는 기본적인 운동이다. 체력은 물론이고, 정신 건강에도 도움이 된다. 혼자 생각하는 시간을 갖기에 걷기만 한 운동이 없기 때문이다. 편한 옷과 운동화만 있으면 시간과 장소 제약도 없이 누구나 편하게 할 수 있다.

늘 그렇듯 마음먹고 실행에 옮기는 것이 어려울 뿐이다. 오죽하면 운동할 때 가장 먼 거리는 침대에서 현관까지의 거리라는 말이 있을까. 부자 매뉴얼에서는 회원들의 인증 영상이나 사진이 확실한 동기부여가 된다. 매일 달리기를 하고, 만 보 이상을 걷고, 홈트나 요가하는 사진을 보면서, 무거운 몸을 일으키는 것이다. 또 멤버가 운영하는 챌린지에 함께 참여하면 확실히 더욱 관리 받는다는 느낌도 든다.

역시 운동은 정직한가 보다. 최근에 3년간 열심히 살아온 나에 대한 보상으로 골드 건강검진을 받았다. 그동안 나라에서 해 주는 건강검진이나 아프면 소변검사와 혈액검사를 하는 게 전부였다. 제대로 된 건강검진을 받아봤더니 내 몸의 상태를 분야별로 정확히 알 수 있었는데, 검진 결과는 상상 이상으로 최우수 등급이 나왔다. 100명 중 9등으로 신체 나이는 40대 후반이었다. 운동은 나를 배신하지 않았다.

신이 인간의 어리석은 점 중 하나로, '젊을 때는 돈을 벌겠다고 건강을 잃더니, 나중에는 건강을 찾겠다고 돈을 버린다'라는 것을 꼽았다고 하던가. 부디 부자 매뉴얼의 우선순위를 잃지 않길 바란다. 풍요로운 노후 생활을 건강하고 활기차게 즐기기 위해서, 먼저 꼭 운동에 투자하자.

"

나는 할 수 있어.
방법은 몰라,
하지만 할 수 있어

"

부러우면 지는 게 아니라
따라 하기

내게 블로그 비밀 댓글이나 메일을 보내오는 중장년의 공통된 고민이다. 사실 식비 절약만으로는 지출이 줄어들 뿐이지 부자가 되긴 어렵다. 노후가 불안한 중장년층은 이같이 비슷한 고민을 한다. 고민을 가득 담아 썼을 댓글 하나하나가 가슴에 콕콕 박혔다.

누군가 길을 알려준다면 좀 더 빠르게 갈 수 있지 않았을까? 생각 끝에 부자를 꿈꾸는 분이나 내 경험으로 콘텐츠를 내고 싶은 분, 그리고 막 시작하는 분을 위해 부자가 되기 위한 작은 프로젝트를 시작했다. 무엇을 하든 시작은 늘 설렌다. 이미 뚝딱 절약 식비 콘텐츠를 하고 있었기에 아는 몇 분과 새로운 분이 신청했다. 일주일이 지나자 새벽 기상과 독서, 블로그 쓰기까지 열심히 하는 분들이 생겨났다. 부자 되기 프로젝트인 부자 매뉴얼 시스템은 이렇게 탄생되었다. 거기에 내가 실행했던 '닥치고 시리즈'의 구체적인 실행 방법을 모아 매뉴얼로 만들었다. 1주 차 새벽 기상을 시작으로 2주 차엔 식비 절약, 3주 차에는 외부 강사가 오셔서 강의하는 시스템을 만들었다. 4주 차는 성장을 도울 수 있는 책으로 독서 뽀개기를 함께 했다.

부자 매뉴얼을 따라 하기 위해서는 매일 해야 하는 루틴이 있다. 멤버들과 함께 타임 스탬프 어플을 받아 기상 인증을 찍었다. 기상 시간은 앞서 이야기한 대로 4시~6시 30분 안에 인증하면 된다. 먼저 독서나 글쓰기를 새벽 시간에 활용했다. 새벽 시간으로 최적화된 뇌를 독서 1시간, 글쓰기 1시간에 활용했다. 그리고 7개의 매일 미션을 적고 체크리스트에 O, X로 표시한다. 7개의 필수 미션은 새벽 기상, 독서, 블로그 쓰기, 운동, 경제신문, 집밥, 감사 일기이다. 일주일이 지나면 스스로 피드백을 한다.

가끔 추가로 다른 미션을 넣거나 뺄 때도 있다. 7개 미션 중 우선 순위가 되어야 해야 하는 건 새벽 기상과 독서다. 이 두 가지는 중요하지만, 꾸준히 하기 어려워 중도에 포기하는 사람이 많다. 혼자가 어렵다면 함께 할 동료가 있는 부자 매뉴얼 시스템에 들어오길 바란다. 인생을 마라톤 거리 42.195km에 비유한다면 3년이란 시간은 얼마나 될까? 나는 5km라고 본다. 태어나서 눈 감을 때까지 마라톤처럼 뛰어도 고작 5km다. 남의 인생을 부러워만 할 것인가? 할 수 없다는 핑계를 찾기보다 할 수 있는 방법을 찾아야 한다. 멋지게 인생을 살고 싶다면 머릿속을 비워보자. 분노를 제압하고 지금, 이 순간에 집중하고 즐기자. 남과 비교할 시간도 남을 부러워할 시간도 없다.

삶이 바뀐 나를 부러워하는 사람이 많아졌다. '부러우면 지는 거다'라는 말이 있다. 부러우면 지는 것이 아니라 따라 하면 된다. 크게 성공한 사람을 따라 하는 것은 어렵지만, 한 걸음 앞서간 사람을 롤모델로 삼고 그의 삶을 따라가는 것은 누구나 할 수 있다. 내가 누군가의 롤 모델이 되었다면 아마 '저 사람도 하면 나도 할 수 있을 것 같은데?'라는 마음이 들었기 때문일 것이다. 누구나 부자가 될 수 있다. 단, 실행하느냐 안 하느냐 차이다.

열심히만 산다고 부자가 될까? 누구나 열심히 살고 있다. 열심히보다 부자 마인드를 장착하고 하나씩 실행해 나가야 한다는 걸 자기계발 시작 후에야 알았다. 이미 부자 매뉴얼을 시작한 사람이라면 점 하나를 찍은 것이다. 이제는 선을 그어야 한다. 어떤 선을 긋고 싶은지, 한번 생각해보자. 연말이 되면 블로그에 이뤄낸 10대 뉴스를 쓰는 사람들이 많다. 책을 출간한 이야기나 부동산 투자한 이야기 등 10대 뉴스를 쓰며 한해를 마감한다. 나는 반대로 연초에 이뤄낼 10대 뉴스거리를 적는다. 발꿈치 들어 손에 척 닿는 목표 3~4가지, 발꿈치 들고 점프해야 닿는 목표 2~3가지, 발꿈치 들고 높이 점프해도 안 되는 목표 2~3가지를 미리 블로그에 공표한다. 그러면 실행할 힘이 생긴다. 이 중 몇 개나 이룰 수 있냐고? 1년 동안 실행에 중점을 두고 살아가면 7개 이상 이룬다.

그러기 위해서 '나는 뭐든지 할 수 있는 사람이다'라고 긍정 주문을 외치고 하루를 시작한다. 『부의 확신』 저자인 밥 프록터는 '나는 할 수 있어. 방법은 몰라, 하지만 할 수 있어'라고 말한다, 두렵지만 할 수 있다는 자신감으로 시작하고자 매일 긍정 주문을 외치고 있다. 잊지 말자. 부러우면 지는 것이 아니라 따라 하면 된다. 부자 매뉴얼 미션만 따라 한다면 여러분의 인생은 바뀌어 있을 것이다. 50대에 아무것도 가진 것 없던 내가 실행의 힘으로 달라졌던 것처럼, 당신도 할 수 있다.

"

작심삼일이 지났습니다.
오늘 다시 작심하는 겁니다

"

3

닥치고 21일 챌린지로
부자 습관 예열하기

내게 이메일을 보내는 분 중 열에 아홉은 노후 준비를 못 한 분들이다. 노후 빈곤 실태 조사에서 한국이 OECD 회원국 중 노인 빈곤율이 40.4%로 1위라고 한다. 폐지나 재활용품 수집을 생계로 하는 노인이 1만 5,000명에 달한다. 노동시간은 무려 11시간 20분이라는 기사를 신문에서 읽었다. 고령화 속도가 빠른 상황에 노후준비를 전혀 하지 않은 상태라 빈곤에 처한 노인은 노후 경제 활동을 지속할 수밖에 없다.

이제는 자식보다 돈을 먼저 키울 때다. 많은 분이 절실한 마음을 가지고 인생을 바꿔보고자 시스템에 들어와 호기롭게 시작한다. 한두 달이 지나면 시작한 분 중 절반이 힘겨워하며 중간에 포기하는 것을 보았다. 새벽 기상부터 난관에 봉착하며 일찍 일어나기가 어렵다고 말한다. 중년은 갱년기를 몸에 달고 사는 시기다. 갑자기 새벽 3시~4시부터 일어나면 문제가 발생한다. 서서히 기상 시간을 당겨야 무리가 없는데 일찍 일어나면 무언가 해 낼 수 있을 것 같은 환상에 자꾸만 실패한다. 내 몸이 새벽 시간이 최적화된 몸인가 먼저 알아볼 필요가 있다. 매일 꾸벅꾸벅 졸며 책을 읽는다면 좀 더 자는 게 좋다. 내 몸에 맞는 새벽 시간을 찾아야 하는데 무작정 일찍 일어나 작심삼일로 끝나버린다.

사라지는 이들을 어떻게 도울까 고민하다 '21일 닥치고 챌린지'를 만들었다. 무료로 함께하는 21일 습관 잡기 프로젝트다. 습관을 잡는 데 도움을 주고자 운영하는 카페와 오픈 카톡방에서 함께 할 이들을 모집했다. 새벽 기상, 독서, 운동, 글쓰기, 감사 일기까지 5개 챌린지로 나누었다. 누구나 참여할 수 있는 챌린지에 완주자 전원에게 커피 쿠폰을 증정한다고 하니, 303명이나 신청해주셨다.

첫 챌린지의 시작은 마침 3월이었다. 학창 시절의 기억 때문일까. 새 학기가 시작되는 3월은 무언가를 시작하고 다짐하기에 딱 좋은 달이다. 첫날부터 카페에는 챌린지 인증사진이 올라왔다. 시작한 분들이 힘을 내도록 300여 개의 인증에 모두 댓글을 달았다. 댓글에 감동이라며 대댓글을 다는 분들이 생겼다. 시작하는 이들에게 완주라는 성취감을 심어주고 싶었다. 끝까지 완주하도록 돕는 게 사명이라 생각하고 손가락 두 개로 온종일 댓글을 달았다. 댓글은 내가 소통하는 방법이다.

'잘될 수밖에 없다. 될 때까지 할 거니까 분명 잘 되실 겁니다'

'일주일을 해냈습니다. 14일 차 인증 성공입니다. 완주를 응원합니다'

'목표를 가지고 매일 도전하니 이루지 못할 것이 없습니다'

'새벽 독서가 우리에게 습관이란 걸 선물합니다. 오늘도 성공입니다'

'작심삼일이 지났습니다. 오늘 다시 작심하는 겁니다'

이런 댓글 응원에 1주일 완주하고 2주일 완주하는 분들이 생겼다. 한 가지 챌린지로 시작한 분이 점점 2~3가지 챌린지를 성공하고 계셨다. 21일 동안 매일 인증에 댓글을 달았다. 그러자 완주자는 50%였다. 누군가 지켜보고 응원하니 끝까지 해내는 힘이 생긴 것이다. 함께 하는 힘, 인증하는 힘은 정말 크다. 소통하는 힘이 더해져 할 수 있는 힘이 생긴다. 실패는 할지라도 포기하지 말았으면 하는 마음이었다. 실패는 했는데 뜻대로 되지 않은 것이고, 포기는 하다가 멈춘 것이다. 포기하는 사람들을 돕자는 마음이 컸다.

21일 챌린지가 끝나도 카페에 인증하는 분이 많아지는 것을 보고, 다음엔 식비 절약 챌린지를 운영해 절약을 어려워하는 분들을 도와야겠다는 마음이 생겼다. 절약 가계부와 식사 한 끼를 인증하면 된다. 이 좋은 시스템을 왜 무료로 하냐고 누군가 물었다. '돈과 사람은 흐르게 하라'는 나의 신조다. 돈을 벌었으면 나눔으로 흐르게 해야 하고 사람도 가르쳐 주면 본인이 더 커지도록 내보내야 한다. 저수지에 가두는 것이 아니라 강물로 흐르게 하고 바닷물로 흐를 수 있도록 도와주고 있다. 세상에는 이런 나눔의 마인드를 가진 사람들이 많다. 부자가 되고 싶다면 이런 기회를 잘 이용했으면 좋겠다.

부자는 되고 싶지만 당장 돈이 없는 사람도 있다. 돈이 없다고 아무것도 하지 않는다면 다가오는 노후는 불 보듯 뻔하다. 돈이 없다고, 시간이 없다고 아무것도 안 할 것인가? 가진 게 없을수록 꼭 해야 하는 것이 부자의 벤치마킹이다. 꾸준히 하는 게 어렵게 느껴진다면 최소 단위인 21일을 목표로 둬보자. 눈 딱 감고 21일만 꾸준하게 하루도 빠짐없이 닥치고 시리즈를 해 보는 것이다. 자신이 변화하는 모습이 좋아서, 자기 효능감과 만족감을 느끼다 보면 21일이 50일, 100일로 늘어날 수 있다.

꾸준함은 최고의 무기다. 이런 무기를 가지고 있는 사람이라면 무서울 게 없다. 닥치고 시작하는 21일 챌린지로 노후의 불안을 이겨내 보자.

66

지루한 루틴을 꾸준히 했더니
어느새 방구석 N잡러로 살아가고 있다.

99

4
누구에게나 돈이 되는
콘텐츠가 있다

나는 50대에 도전해서 N잡러가 되었다. N잡러는 2개 이상의 복수를 뜻하는 'N', 직업을 뜻하는 'job', 사람이라는 뜻의 '러'가 합쳐진 신조어로, 생계유지를 위한 본업 외에도 개인의 자아실현을 위해 여러 개의 직업을 가진 사람을 의미한다. 요즘은 N잡러의 전성시대다. 두 개 이상 직업을 가지고 있는 젊은이들이 많다. 평생직장이 없으니 20대 10명 중 4명이 복수직업을 가진 N잡러 라고 한다. 한 우물만 파는 시대는 이젠 낯선 풍경이 되었다.

50대이기 때문일까. 수많은 N잡러 중에서도 주목을 받는 중이다. 어떻게 그렇게 되었냐고 묻는 사람들에게 되묻는다. '당신은 돈이 되는 일이 있으면 실행할 건가요?' 나는 당연히 실행한다. 지루한 루틴을 꾸준히 했더니 어느새 방구석 N잡러로 살아가고 있다. N잡러가 되기 위해서는 꾸준한 인풋을 해야 했다. 아웃풋을 해야겠다고 느낀 순간, 돈을 잘 버는 방법을 찾아본 후 여러 시스템 중 지식창업을 먼저 시작했다. 그것만으로도 다섯 개의 파이프라인이 생겼다.

첫 번째 파이프라인으로 무자본 창업인 콘텐츠를 운영한다. 뚝딱 절약 식비, 부자 되기 프로젝트 부자 매뉴얼, 30일 챌린지 등 온라인에서 하는 프로젝트 리더를 맡고 있다. 블로그나 인스타그램에서 모집 글을 올리고 돈을 벌고 있다. 글을 쌓고 SNS 이웃과 소통하며 내가 가진 지식을 나누면 된다. 경험이 콘텐츠인 셈이다. 프로젝트를 잘 운영하려면 나를 믿고 온 사람을 소중히 여기면 된다. 고객이 최우선이다. 온라인이라고 해서 부업처럼 가볍게 생각하면 안 된다. 고객 중심 사업이 콘텐츠 사업이다.

두 번째 파이프라인은 지식을 전달하는 강사다. 다꿈스쿨에서 오프라인으로 '5주 안에 수익 내는 무자본 창업'을 강의한다. 수강생의 재능과 강점을 찾아주어 강사로 활동하도록 돕는 역할을 하고 있다. 수강생은 5주 수강 후 온라인 강의를 하기도 한다. 무인카페를 운영 후 창업 노하우를 3주간 강의할 기회도 생겼다. 외부 기업강의도 종종 나간다. 첫 강의 준비는 3주간이나 걸렸지만, 지금은 2~3일이면 끝난다. 하루 특강이나 외부로 나가서 버는 강사 수입은 남편의 월급을 훌쩍 넘어섰다.

세 번째 파이프라인은 네이버 블로그 애드포스트다. 한 달 이상

글을 쓰고, 필요한 조건을 갖춰 네이버에 신청하면 된다. 요건을 통과해서 승인이 나면 블로그 게시물에 광고가 달린다. 블로그 이웃이 광고를 클릭할 때마다 수익이 발생하며, 이웃이 많으면 내 글을 읽어주는 이가 많아져 광고 수익도 늘어난다. 나라고 처음에 이웃이 많았을까. 그래도 계속 소소한 이야기라도 블로그에 올리고, 나중에는 식비 절약이라는, 내가 가장 잘할 수 있는 일로 정체성을 찾으면서 블로그의 색깔이 확실해졌다. 덕분에 이웃도 늘기 시작했는데, 이웃이 3,000명 정도 되었을 땐 치킨 2마리 값이 나왔고, 12,000명이 넘으니 매달 수입은 20만 원이 넘는다. 글만 썼을 뿐인데 수익이 나오고 있다.

위에 적어둔 3개의 파이프라인은 내가 일해야만 수익이 나오는 구조다. 일종의 노동 수입이라고 볼 수도 있다. 하지만 4번째부터는 일하지 않아도 내 돈이 대신 일해 주는 파이프라인을 설명해보겠다.

네 번째 파이프라인은 인세다. 나는 지금 5권의 전자책과 2권의 종이책에서 인세가 나온다. 종이책은 1년에 두 번 인세가 나오고, 전자책은 판매가 이루어지면 언제든 인출할 수 있다. 나의 기록을 모으면 돈이 되는 전자책은 퍼스널 브랜딩의 시작이다. 인세가 80%이며 온라인 건물주라고도 불린다. 〈크몽〉, 〈유페이퍼〉, 〈탈잉〉 등 오픈마켓에서 주로 판매되며, 거창한 필력보다 내가 가진 노하우와 스킬을 중심으로 집필해야 한다.

그렇게 여러 권의 전자책을 완성하며 글쓰기 근육을 기른 덕분일까. 훗날 종이책으로 연결되어 『50대에 도전해서 부자 되는 법』과 『새벽을 깨우는 여자들』, 두 권의 저자가 되었다. 처음부터 대단한 글을 쓰겠다는 욕심보다 글을 쓰는 습관을 길렀다. 내 일상을 기록하는 일부터 시작하니 글감이 많이 생겼다. 노하우가 생각날 때마다 기록해 놓아 필력이 부족해도 좋은 글들이 쌓였다. 출간 후 방송이나 유튜브에 출연할 기회도 생겼다.

다섯 번째 파이프라인은 강의 판매다. 내 컨텐츠를 영상으로 만들어 녹화본을 제공하는 것이다. 노하우를 공유하고 버는 부수입이다. 절약하고 싶지만 혼자서는 자신 없는 분들을 위해 식비 절약 강의를 녹화본으로 판매해 또 다른 수익구조를 만들었다. 블로그에 올리고 판매되면 이메일로 보내주는 시스템이다. 〈클래스101〉에서 찍은 시니어 재테크 강의 영상도 녹화본의 일종이다. 시작이 두렵고 삶이 막막한 분께 도움이 되는 강의 영상이다. 시니어 재테크 영상은 내게 매달 연금처럼 돈이 나오는 효자가 되었다.

내가 남들보다 엄청 뛰어난 능력이 있어서 이런 일이 가능한 것이 아니다. 그저 일련의 과정을 통해 내가 잘하는 것이 무엇인지, 사람들이 나에게 원하는 것이 무엇인지를 깨닫고 그 방향으로 초점을 맞췄을 뿐이다. 부자 매뉴얼을 통해 수많은 사람들을 만나면서 누구나 자신만의 스토리가 있고, 그로 인해 얻은 그들만의 강점이 있다는 것을 깨달았다. 그런데 다들 지나치게 겸손하다. 자기가 이제껏 해 온 일이나, 할 수 있는 일의 가능성을 믿지 않아서 아예 시작조차 하지 않을 때도 많다. 그런 분들에게 늘 말한다. 경험이 콘텐츠라고. 누구나 자신만의 콘텐츠를 갖고 있고 그것을 돈으로 연결할 수 있다고 말이다.

내 경험을 콘텐츠로 내놓을 때 소위 말하는 잘 나가는 사람들, 대단한 사람들을 보면 기가 죽기 마련이다. 하지만 세상이 꼭 대단한 실력자만을 원하는 것이 아니다. 만약 내가 호텔 셰프처럼 요리해야 한다고 생각했다면 '식비절약 프로젝트' 같은 콘텐츠를 시작하지도 못했을 것이다. 내가 다른 사람보다 조금이라도 잘할 수 있는 것을 찾고, 다른 사람들이 어떤 점을 어려워하고 힘들어하는지, 그들의 고통과 아픔의 지점을 연결하면 자신만의 콘텐츠를 만들어낼 수 있다.

내가 잘 살고 싶다면 다른 사람들의 어려움과 아픔에 관심을 기울여야 한다. 그리고 진심을 다해, 내가 도와줄 수 있는 부분을 찾아라. 그 모든 것이 나의 경험과 연결되었을 때 자신만의 콘텐츠가 태어날 수 있다. 당신에게도 이미 당신만의 콘텐츠가 있다.

"

여러 가지를 배우며 힘겹다면
가지치기가 우선이다.
가장 중요한 것 하나만 하자.

"

준비된 사람은 때를 만난다

경험을 콘텐츠로 만들어 다양한 프로젝트를 운영했다. 시간이 3년 정도 지나다보니, 제법 많은 분들을 만나게 되었는데, 그중에는 유독 콘텐츠를 내는 것에 조급한 수강생도 있다. 그런데 신기하게도 그런 수강생들일수록 대부분 아무것도 준비되어 있지 않았다. 블로그 이웃도 없고, 써 놓은 글도 없다. 모집 글을 아무리 잘 써서 올려도 보는 사람이 없기에 신청자가 없는 건 당연하다. 자신은 정작 아무것도 준비하지 않았으면서 주위에서 돈을 버니 마음만 앞선 것이다. 호기롭게 콘텐츠를 기획하고 모집하며 아웃풋을 낸 사람 중 다음 기수 모집이 안 되니 포기하고 직장으로 돌아간 분도 있다.

반대로 오랫동안 준비한 수강생도 만난다. 10년간 캘리그라피를 배워 온 40대 수강생은 나와 1대1 코칭 후 하루 특강으로 강의를 열었다. 첫 강의 신청자가 40명이 넘었다. 그동안 취미로 그쳤던 캘리그라피를 통해 성공적으로 강사 데뷔를 했던 사례이다. 부자 매뉴얼 멤버 중 매일 먹는 집밥을 콘텐츠로 만든 60대 초반 수강생도 있다. 직장도 다니며 시부모님을 모시고 산다. 그 세월동안 그분이 차려낸 음식이 얼마나 많았겠는가. '친정엄마 요리'를 주제로 프로젝트를 하며 그에 관한 전자책을 썼다. 60대에 시작해서 조금 느릴지 몰라도 그동안 쌓아놓은 경험이 탄탄했던 것이다.

가장 기억에 남는 수강생을 소개하면서 한 가지를 당부하고 싶다. 60대 중반인 수강생 한 분은 SNS를 배우며 내 것으로 만들었다. 미리캔버스, 캔바, 포토샵, 키네마스터(유튜브), 뱀믹스(영상편집), 1인 방송까지 배워 경험했다. 60대 후반 언니와 두 달간 미국 대륙횡단을 하고 아프리카에 혼자 3달간 여행도 하는 멋진 분이다. 다음 여행지를 위해 수영을 1년 넘게 배우고 있다. 나를 만나 60대의 희망이 되었지만, 이미 단단하게 준비된 사람이었다. 3년 전 50대인 내가 재테크, 돈 공부를 시작했다면, 지금은 60대가 시작하고 있다. 60대에 성공하는 사람들의 공통점을 보면 이미 자신만의 경험과 연륜이 쌓여있다. 그렇기에 기술적으로 부족한 면이 있어도 빠르게 아웃풋을 낼 수 있는 것이다.

『고도원의 아침 편지』에서 '사람은 사람을 통해서 때를 만난다'라는 글귀가 있다. 사람은 누구에게나 일생에 세 번 운이 온다고 한다. 하지만 운이란 노력하는 사람에게만 온다. 나는 운은 노력과 함께 온다는 걸 실행을 통해서 경험했다. 절약하며 살던 시절 일주일 7만 원으로 살아가며 블로그에 기록했던 경험을 콘텐츠로 만들었다. 블로그에 기록하는 것만으로 시작할 수 있었다.

어떻게 준비된 삶을 만들었을까? 실업급여를 받으며 강의를 수강하고 책을 읽으며 나에게도 기회가 오기를 기다렸다. 준비되어 있지 않으면 기회가 와도 모르고 지나간다. 살면서 기회를 여러 번 잃어버렸다고 느꼈기에 더 치열하게 준비했다. 활동을 블로그에 기록하며, 하고자 하는 콘텐츠에 맞는 책을 찾아 읽었다. 블로그에 관한 책과 브랜딩, 마인드, 마케팅에 필요한 책을 섭렵했다. 함께 하는 동료와 끊임없이 공감하며 소통하고 내 이야기를 기록했다. 속해 있는 커뮤니티에도 소통과 댓글로 나의 존재감을 알렸다. 이 모든 것이 준비였다.

물론, 아무리 준비가 되어 있다고 해도 실전과는 다를 수 있다. 그동안 열심히 준비했다고 생각했는데, 첫 강의를 마쳤을 때 어설픈 내 모습에 실망스러웠다. 그러면 이제 실전에 맞게 또 다른 준비를 하면 된다. 좀 더 완벽한 강의를 위해 5주간 강연 수업을 받았다. 책을 또박또박 읽으며 녹음하고, 웃는 모습을 매일 셀카를 찍어 인증해야 했다. 다음 강의를 위해 준비한 것이다. 매일 인증하니 자신감이 생겼다. 이후엔 웃으며 강의하는 내가 되었다.

여러 가지를 배우며 힘겹다면 가지치기가 우선이다. 가장 중요한 것 하나만 하자. 강의를 듣거나 무언가 배울 때는 중요한 우선순위 한 가지만 생각했다. 강의를 듣고 내가 적용해야 할 것이 무엇인지를 집중했다. 하나의 배움이 끝났을 때 다른 강의를 들었다. 배움에 투자해야만 원하는 삶을 살 수 있다, 비용을 들이지 않고는 절대 완벽해질 수 없다. 재능이 있거든 가능한 모든 방법을 사용해보자. 적극적으로 미리 준비하는 내가 되어야만 한다.

덧붙여, 재능이 없다고 해서 섣불리 포기할 필요는 없다. 재능이란, 어떤 일을 하는 데 필요한 재주와 능력일 뿐이다. 재능을 이기는 건 연습뿐이다. 거울을 보고 웃는 모습이라든가 큰 목소리로 발표하는 연습을 꾸준히 하다 보면 없던 재능도 생기기 마련이다. 그렇게 내가 성장해가는 단계에 맞게 필요한 것들을 미리 준비해 놓는다면, 반드시 때를 맞이하게 된다.

반드시 기억하길 바란다. 준비된 사람만이 때를 만나고, 준비된 사람만이 그때를 기회로 만들 수 있다.

"

포기와 실패는 다릅니다.

포기는 하지 않아야 하고,

실패는 해도 됩니다

"

좋은 멘토는
멘티를 꿈꾸게 한다

'까마귀 노는 곳에 백로야 가지 마라'라는 속담처럼, '근묵자흑'이라는 사자성어처럼, 세 번 이사를 간 맹자의 어머니처럼, 환경과 만나는 사람의 중요성에 대해서는 오래전부터 많이 들어왔다. 부자의 길로 가는 자기 계발을 해보니 그 중요성이 피부로 와 닿곤 한다.

부자매뉴얼을 운영하면서 능력 있는 분들을 많이 만났다. 함께 하다가 자신의 프로젝트가 커져서 나간 분도 생겼다. 물론 내 프로젝트와 맞지 않는다고 나가는 분도 있다. 제대로 해보지 않고 가족이 도와주지 않는다고 더 이상 못하겠다고 하는 분들도 있다. 사실 내가 달라지면 가족의 변화는 조용히 스며들기 마련이다. 그래서 이런저런 이유로 떠나는 분들을 보면 안타깝지만 어쩔 수 없다. 말을 물가까지 끌고 갈 수는 있어도 물을 먹일 수는 없는 노릇이다. 그래서 나는 그저 내가 사람들에게 해주고 싶은 말을 블로그에 쓴다. 그러다 보니 동기부여 글이 많이 쌓였고, 그 글에 힘을 얻는 분들이 많아졌다. 교통사고로 심하게 다친 50대 남자분은 두 달째 입원 중에 내 책을 접하며 새벽 기상부터 시작했다고 한다. 삶이 힘들고 무거웠는데 지금은 1년째 독서 하며 재미있게 살고 있다고 종종 연락하신다.

주로 이렇게 온라인으로 만남이 이루어지지만 최근 들어 직접 얼굴을 마주하고 상담하거나 코칭하는 경우도 많아졌다. 대부분 내가 운영하는 프로젝트 참가자들이지만, 내 콘텐츠가 아닌 다른 곳에서 롤 모델 만나기 과제로 나를 찾아오기도 한다. 그중 한 분은 만남 후 큰 도움을 받았다며 이런 후기를 남겼다.

"용인으로 출발하는 순간 설레었다. 식사까지 하면서 3시간 반가량 시간을 내어준 롤 모델의 경험담은 찐이었다. 귀한 말씀 하나하나가 피가 되고 살이 되는 느낌이다. TV나 줌 화면에서 뵈었던 분이 이웃에 사는 지인을 만난 것처럼 편안하게 느껴져 신기했다. 알고 계신 모든 걸 내어주려 함이 느껴졌다. 그중 새기고 싶은 내용을 정리해 보았다.

'모르는 것은 배우자. 단 두 번 질문하지 않게 확실히 익힌다.'
'글 쓰는 삶과 경험이 중요하다.'
'사람과 돈은 흐르게 해야 한다. 움켜쥐지 말자.'

올바른 방향으로 이끌어주며 아낌없이 풀어 주는 그릇이 큰 멘토라는 느낌을 받았다. 그래서 결심했다. 앞으로 멘토가 시키면 다 하기로 마음먹었다. 배움을 놓지 말아야겠다는 생각이 들었다. 모든 것에 시작은 사람과 경험이라는 걸 꿈꾸는 서여사님께 배웠다. 관계의 중요성을 다시 한번 확인하게 되었다. 나는 잘 살 것이다."

나를 만난 후 벅찬 마음으로 집으로 돌아갔다며 또 다른 한 분이 후기를 남겨줬다.

"일주일을 시작하는 월요일부터 과감히 휴가를 냈다. 인생의 전환점을 맞이하기 위해 나를 향해 시간을 쓰기로 했다. 오늘 시간은 나를 위해 흘러가고 내가 만든 것이기에 꿈꾸는 서여사님을 만나기 위해 청주에서 출발했다. 만남 요청에 흔쾌히 응해주셨고, 일주일 시작을 그녀와의 시간으로 채울 수 있었다. 이번에 만난 서여사님은 2021년 가을에 내가 알던 그녀가 아니었다. 베스트셀러인 책 저자로 성공을 위해 열심히 앞만 보고 달리는 누군가의 멘토였다. 1년 반 후 그녀는 너무 큰 사람이 되어 있었다. 이미 돈과 시간 부자로 살고 있었다.

"3년 후 지금과 똑같은 모습이고 싶나요?"

가슴 뜨끔한 말로 매를 맞았다. 조용하지만, 힘 있는 말투로 나를 내리치듯 무섭게 말로 때렸다. 그녀는 듣기 좋은 말로 그저 따뜻한 말만 해주지 않았다. 귀한 시간이 헛되지 않아야 한다는 소신으로 충고와 조언으로 진심으로 이야기했다. 그녀의 경험으로 지식보다 더 소중한 말을 적어본다.

'포기와 실패는 다릅니다. 포기는 하지 않아야 하고, 실패는 해도 됩니다'

'조급증은 독이 됩니다. 결국, 포기하게 되지요'

'남과 비교하지 마세요. 지금을 반드시 활용하세요. 내게서 많은 것을 얻어가길 바랍니다'

천천히 멀리 내다보고 하겠다고 말하니, 최대한 노력해서 지금 해내겠다는 마음을 먹으라고 이야기했다. 그녀는 물러섬이 없고, 대충이 없다. 지금의 그녀가 왜 성공했는지 알 수 있는 시간이었다, 오랜만에 가슴 뛰는 시간이었다"

이렇게 정성 들여 쓰신 후기를 보면 내 마음도 뭉클해진다. 내가 가진 걸 나누고자 하는 마음은 늘 있었다. 나누고 베푸는 삶이 행복하다는 걸 이제는 사람을 통해 경험하고 있다. 고명환 작가님의 책 『이 책은 돈 버는 법에 관한 이야기』를 읽고 부자 매뉴얼 멤버님과 함께 남산도서관에 작가님을 뵈러 간 적이 있다. 마곡에서 운영하시는 '고명환의 메밀박이' 음식점에 가면 누구와도 만날 수 있는 푸근한 분이었다. 2시간 동안 작가님만의 철학이 담긴 이야기를 들으며 마음속에 멘토로 삼았다.

인연이 되려고 한 걸까? 2022년 140명이 참여한 '꿈꾸는 부자여행 송년회'에 오프라인으로 와 주시며 나와의 인연은 시작되었다. 『나는 어떻게 삶의 해답을 찾는가』 책이 나왔을 땐 꿈부여에서 가장 먼저 저자특강을 해 주셨다. 고명환 작가님의 나눔인생은 내게도 바이러스가 전달되어 시작하는 이들에게 동기부여 나눔 강의도 여러 번 했다. 내 이야기로 많은 이들이 희망을 품는다면, 그리고 시작한다면 그보다 행복한 일이 있을까? 하지만 고백하자면, 멘티와의 만남을 통해 힘을 얻는 사람은 그들뿐만이 아니다. 나 역시 그분들을 보며 힘을 얻는다.

"서여사님! 마감기한 끝난 후엔 뭐 하실 거예요?"

'3년 안에 부자 되기'라는 큰 목표의 마감기한을 정해놓고 달려가는 중이다 보니 이런 질문을 많이 받았다. 3년 전 마감기한을 2023년 9월 30일로 잡았다. 평생 내가 원하고 꿈꾸던 삶이 현실로 이루어졌다. 큰 부자는 아니지만, 일을 안 해도 내 돈이 돈을 벌어주는 시스템이 갖춰졌다. 결코 쉽지만은 않았다. 성공하려고 순간에 집중했다. 독서를 하는 2시간 동안 휴대전화기는 꺼내지 않았다. 글을 쓸 때도 몰입했다. 성공하고 싶다고 마음먹은 후 눈물 날 정도로 힘들어 울면서도 매일 해야 할 루틴을 했다. 지난 3년을 너무 몰아치면서 살아서일까, '마감기한이 끝난 후엔 남편과 무엇부터 할까?' 하며 놀 생각했다.

멘티들과의 만남이 많아지면서 나는 이제 더 이상 놀 거리만 생각하지 않는다. 나에게는 아직도 할 일이 많다는 것을 깨닫게 되었다. 단 한 사람이라도 고단하고 지친 삶을 바꿀 기회를 주고 싶다. 내 이야기로 많은 이들이 희망을 품는다면, 그리고 시작한다면 그보다 행복한 일이 있을까? 부족하더라도 내 한마디 말에 힘을 얻는 이들이 있다면 나는 더 많은 사람을 만나고 꿈을 꾸게 만들어 주어야 한다. 그러니 나의 꿈에는 더 이상 마감기한이 없다.

좋은 멘토는 멘티를 꿈꾸게 한다. 나를 보며 꿈을 꾼다는 사람들을 보며 나 역시 꿈을 꾼다.

무엇이든 좋은 것을 만들면
그것이 그 사람을 만들어내는 것이다.
이것이 법칙의 힘이다.

7

자녀에게
돈나무(파이프라인) 심어주기

    결혼 후 30년을 살면서 자녀에게 경제교육을 한 적이 없다. 나부터 경제에 관심이 없는데 자녀에게 경제교육을 할 리가 없었다. 유대인들이 자녀에게 해주는 경제교육에 관한 책을 읽었다. 성인이 된 자녀에게 가능할까 싶었다. 그래도 한번 시도해봐야 한다. 먼저 여행처럼 함께 임장_{부동산 매물을 보러 현장에 나가는 것}을 다니기 시작했고, 공부한 부동산 지식을 자녀에게 조금씩 나누어 주었다. 상가를 임장하며 입지를 보러 다닌 후부터 효과가 나타났다. 부동산에 관해 이야기하면 딸 부부는 귀를 쫑긋하고 듣는다. 그리고 종잣돈을 모으려고 애를 쓴다. 돈이 모자라면 나에게 동업을 제안하기도 한다. 젊을 때 파이프라인을 심으려고 하는 모습이 기특하여 나도 어떻게든 도와주고 있다. 7년 연애 끝에 결혼한 딸 부부는 엄마를 믿고 있다. 내가 변하니 그 변화가 자녀에게도 스며들었다. 딸 부부도 자기 확언을 쓰고 1년 목표를 설정하며 열심히 살아간다. 나의 성장을 보고 가장 많이 변한 건 사위다. 장모가 제안하면 100% 수긍한다.

우연히 무인카페 강의를 들었다. 전부터 딸 부부는 창업을 하고 싶어했지만, 그땐 관심이 없었기에 귀를 닫았다. 강의를 듣고 솔깃해 진 나는 딸 부부와 무인카페에 관한 이야기를 나눴다.

'엄마! 무인카페 강의 어땠어?'
'강의 들었는데 괜찮은 아이템 같아'
'긍정적으로 생각하는 거야?'
'응, 한번 근처에 가볼까?'

내친김에 가까운 동네 무인카페를 방문했다. 커피와 여러 음료를 시켜 맛을 보았다. 커피 향이 좋았다. 맛은 더 좋았다. 무인카페를 운 영하는 지인에게 연락해서 대표님을 만났다. 카페 시스템이 맘에 들 어, 계약과 동시에 상가 찾기에 돌입했다. 상가 찾은 이야기는 뒤에 자세히 적혀있다. 예전부터 무인 창업을 하고 싶었지만, 자금이 모자 란 딸은 나에게 동업을 제안해 왔다. 금액을 절반씩 투자해 무인카 페를 운영하자는 것이다. 투자금액이 50%니 수익금도 반반이다. 솔 깃한 제안이었다. 자녀들과 공동 적금으로 종잣돈을 모았다. 적금을 해지할 수 없게 장치를 마련해 놓은 것이다. 무인카페 수익금도 공 동 적금을 들기로 했다. 이처럼 딸 부부와 함께 파이프라인인 돈나 무를 심어놓았다.

그 모습을 보던 아들도 살그머니 물어 왔다. '돈이 얼마나 있어야 나도 할 수 있어?' 경제에 관심 없던 녀석이지만, 누나의 파이프라인이 부러웠나 보다. 가진 돈이 얼마간 있다며 지금부터 종잣돈을 모으겠다고 했다. 그동안 모은 돈을 내놓았다. 많은 돈은 아니었다. 다음 달부터 월급날에 내 통장으로 100만 원씩 보내온다. 직장 다니며 버는 돈을 다 써버리는 아들이었다. 옷을 좋아하는 멋쟁이 아들이다. 그런데 변했다. 굳이 말을 안 해도 부모가 행동을 보여주니 그 태도가 전파된다는 걸 알 수 있었다. 작은 아이를 위해 돈나무 심을 곳을 발품(부동산을 조사하기 위해 걸어 다니는 것)을 팔고, 함께 종잣돈을 모으는 중이다. 어려서만 교육을 할 수 있는 건 아니었다. 이미 커버린 성인 자녀도 경제교육이 가능하다는 걸 느꼈다. 무엇이든 간에 늦은 건 없다. 지금이 가장 빠를 때이고 덜 부자인 날이 오늘이다.

돈이 없었을 때, 내가 자녀에게 돈나무 심어준 이야기를 해보려 한다. 부자가 되어야 했기에 사는 집을 이용해 송도로 이사 가며 남매를 분가시켰다. 우리 부부는 송도로, 남매는 분당으로 이사했다. 딸은 직장을 막 들어간 새내기였고, 아들도 직장을 다니고 있었다. 방 2개인 역세권 소형 아파트 월세를 얻어주었다. 당시는 월세가 높지 않았고, 둘이 반씩 내고 살면 되겠다 싶었다. 딸에게 오래 사귄 남자친구가 있었기에 훗날 이 집에서 신혼살림을 꾸려도 될 거라는 생각이 들었다. 작은 살림살이지만 모든 걸 갖추어 놓았다. 침대부터 냉장고, 세탁기 등 사위가 몸만 들어오면 되게끔 준비해 두었다.

덕분에 남매도 불편함 없이 살았고, 딸아이가 결혼한 후에는 아들은 우리 부부와 합가했다. 사위는 이 집으로 들어왔고, 결혼을 위해 모아 두었던 돈으로 아파트에 투자했다. 아파트는 딸 명의로 했다. 사위는 본인 명의 작은 빌라에서 월세를 받는다. 돈나무를 이미 심어 놨다. 월세를 살고 있지만 집은 2채다. 결혼 2년 차에 벌써 돈나무가 두 군데 심어졌다. 무인카페 수익금과 월세 수익이다.

아들도 같은 계획으로 결혼시킬 예정이다. 돈을 엉덩이에 깔고 있지 않고 분산투자하는 방법으로 자녀에게 도움을 주었다. 내 성장과 변화를 본 딸 부부나 아들은 엄마 말을 잘 듣는다. 가족이 함께하니 시너지가 더해진다. 머리를 맞대고 돈 공부를 하고 있다. 톨스토이의 『사람은 무엇으로 사는가?』에 '무엇이든 좋은 것을 만들면 그것이 그 사람을 만들어내는 것이다. 이것이 법칙의 힘이다.'라는 문장이 있다. 자녀에게 말보다 행동으로 보여주니 스며들 듯 나를 신뢰한다. 이보다 더 좋은 교육은 없다.

3부

전환,
돈을 만드는 시스템의 시작
— 시스템으로 가는 길목,
파이프라인 심화편

"

부자가 되기 위해 책의 도움을 받기로 했다.
책에는 해답이 있다.

"

맹모삼천지교?
이제는 부동산 공부가 먼저

앞에서 설명한 여러 재테크과 부동산은 조금 다르다. 들어가는 돈부터 다르기에 더 많은 공부와 현명한 결단이 필요하다. 그렇기에 조금은 긴 분량을 할애해 이야기를 풀어보려 한다.

내게 부동산은 아픈 손가락이었다. 예체능을 전공한 아이들에게 밑 빠진 독처럼 돈이 들어갔다. 뮤지컬을 전공한 딸의 학원비와 야구선수 아들의 뒷바라지를 위해 쉬지 않고 맞벌이를 해도, 해가 지날수록 차곡차곡 등골이 휘었다. 아이들이 대학생이 되자, 이 중요한 시기에 아이들의 꿈을 지원해주지 못하는 부모가 되고 싶진 않았다. 살던 집을 싼 가격에 매도하기로 했다. 모자라는 교육비를 감당해야 하는데 원금과 대출이자가 많아 견디지 못한 것이다. 매도 후 반전세로 이사를 결정하고 현장을 다니며 살 집을 찾아봤다. 동네 부동산을 방문하니 소장님이 웃는 얼굴로 반기셨다.

"어서 오세요, 사모님! 집 매매 보시려고요?"

"아니요. 반전세를 알아보려 해요"

"반전세요? 어휴 이 동네는 없어요. 외곽으로 나가보셔요"

"작은 평수 월세라도 없을까요?"

소장님의 눈빛에 자존심은 상처가 났고 자존감은 땅속으로 파고
들었다. 집을 팔고 대출을 갚으니 남은 돈은 8,000만 원이었다 나이
50세에 1억 원도 안 되는 자산으로 살 집을 구하려니 쉽지 않았다.
더구나 내가 살던 동네는 경기 남부에 학군이 좋은 곳이었다. 결국
평수도 줄이고 지역도 바꿔 이사했다. 이사한 날 이불 속에서 얼마
나 울었는지 모른다. 누굴 탓하랴. 어쩌면 그건 과거의 내 선택이 만
들어낸 결과인 것을.

우리 부부는 유난히 쿵짝이 맞는 욜로 부부였다. 욜로. You Only
Live Once! 그 말은 얼마나 좋은 핑계가 되던가. 어차피 없는 돈 후회
없이 이 순간을 즐겨보자 하는 마음에 여행하는 데 돈을 아끼지 않았
다. 그러면서도 놓치지 않은 것이 자녀 교육이다. 사교육을 많이 시켜
야 아이가 성공할 거라는 생각도 합이 잘 맞았기에 자녀 교육에 올인
한 것이다. 집보다 우리 아이들의 미래에 투자해야 한다고 생각했다.
특히 IMF 때 하락기를 겪으며 월급은 나오지 않는데, 계속 올라가는
이자를 내지 못해 집을 매도한 후 딱히 집을 사야 하는 이유가 없어졌

다. 전세로 살면서 2년마다 새집 찾아 이사 다니는 것도 나쁘지 않았다. 집은 없지만 대신 잘 자라는 우리 아이들이 있지 않은가.

　그렇게 집 없이 살던 2001년, 부동산 상승기가 되자 친한 언니가 지금 여윳돈으로 분양권을 사야 한다며 같이 가지 않겠냐는 말에 어딜 가는지도 모르고 따라나섰다. 8년 만에 부동산 첫 나들이였다. 설레는 마음으로 수지 지역을 돌았다. 허허벌판이라 동네가 낯설었다. 부동산 소장님은 나에게 가진 돈이 얼마냐고 물었고, 미분양이 있으니 계약하라고 부추겼다. 언니는 3개를 계약했고 나는 2개를 덜컥 계약했다.

　얼마 지나지 않아 딸아이가 미국으로 유학을 가면서 학비와 생활비가 필요했다. 사립초에 다니며 홈스테이 비용으로 매달 300만 원씩 들어갔다. 돈이 필요한 나는 분양권 2개를 프리미엄을 받고 매도했다. 그것만으로 4,000만 원의 수익이 생겼다. '돈을 이렇게 쉽게 벌 수 있다고?'라는 생각이 머릿속을 돌아다녔다. 그 당시 분양권에 발을 담그기만 해도 돈을 번다는 속설이 맞았다. 첫 투자를 성공으로 마친 셈이다. 하지만 나는 그렇게 생긴 4,000만 원에만 만족했을 뿐, 왜 이런 일이 발생하는지 알아볼 생각조차 하지 않았다. 그저 아이가 유학 생활을 계속하게 됐다는 것만 감사했을 뿐이다.

3개의 분양권을 산 언니는 한 채도 팔지 않았다. 지금 이곳은 성복역 초역세권으로 부동산 가격이 어마어마하게 올라가 있다. 한 번 사면 절대 팔지 않는다는 언니는 지금 대단한 자산가이다. 반대로 부동산에 대해 아무것도 몰랐던 나는 집이 생겨도 아이들 사교육비를 댄다며 팔기 일쑤였다. 그렇기에 나이 50에 작은 월세 집으로 이사하면서 이불 속에서 목 놓아 울었던 것이다.

사실 그래놓고도 바로 정신을 차리진 못했다. 쓰라린 과거를 딛고 부동산을 공부해야겠다고 마음먹은 건 53세 여름이었다. 다꿈스쿨의 기초반 수업을 신청해 강의를 들었다. 3시간 동안 알아들은 거라곤 매매, 전세뿐이었다. 부동산 용어가 생소하니 집중을 할 수 없었다. 무거워진 마음으로 집으로 가는 대신 서점으로 향했다. 부동산 전문서적 코너에 가서 책을 펼쳤다. 이때 눈에 들어온 책이 청울림의 『나는 오늘도 경제적 자유를 꿈꾼다』였다. 빨간 표지가 강렬했다. 홀린 듯이 마지막 장을 덮는 순간이 내 삶의 터닝 포인트가 되는 날이었다.

내 첫 투자의 기반인 집은 사실 오롯한 내 것도 아니었다. 땅을 매도한 시댁의 도움을 받아 대출 65%를 끼고 2016년에 분양받은 것이다. 입주 후 내 집이라는 안도감에 부자의 꿈만 꾸었을 뿐 아무것도 하지 않고 있었다. 이제라도 알았으니 노력으로 채워야겠다고 결심했고 그게 우리의 첫 걸음이 되었다. 부동산이 맞지 않은 게 아니라 공부하지 않았다는 사실을 깨닫고 부동산 책을 읽고, 강의를 들었다.

세 권의 책을 읽고 그 노하우를 살려 2020년 6월, 두 번째 집을 살수 있었다. 부자들의 노하우를 곧바로 실행에 옮긴 것이다. 읽은 책은 『나는 오늘도 경제적 자유를 꿈꾼다』와 『노후를 위해 집을 이용하라』, 『실행이 답이다』였다. 종잣돈이 없던 나는 책에서 배운 대로 사는 집을 이용해 전세를 주고 대출을 갚았다. 그리고 송도에 작은 집을 매수하며 갚은 금액만큼 다시 대출받았다. 살던 집을 이용해 집을 한 채 더 매수한 것이다.

50년을 넘게 살던 지역을 떠나 사는 곳을 바꿨지만, 비조정 지역인 인천 송도는 6·17 대책이 나오기 5일 전 매수해 타이밍이 좋았다. 부자란 단어에 몰입하며 부동산 책을 무작정 읽던 시절에 도움을 받은 것이다. 부자가 되려면 사는 곳을 바꿔야 한다는 말을 수없이 들었다. 예전엔 아무리 책을 읽어도 변화를 준다는 건 꿈에도 상상하지 않았다. 이제는 달랐다. 부자가 되기 위해 책의 도움을 받기로 했다. 책에는 해답이 있다.

해답을 얻고 실행하며 내가 선택한 행동에 스스로 책임져야 한다는 생각에 잠이 오지 않은 적도 많았다. 송도로 이사 후 7개월쯤 되었을까? 전세로 주고 나온 집에 세입자가 이사한다고 연락이 왔다. 부동산 상승기였다. 전세금이 1억~1억5,000만 원이 올랐기에 나에겐 투자 기회였다. 부동산 초급공부는 수강했지만, 판단이 서질 않았다. 부동산 중급공부를 해보기로 했다. 공부하며 투자지역과 타이밍을 보며 세 번째 집 매수 시기를 기다렸다. 투자금이 전세금 상승분이었기에 나에겐 도전이었다. 실패보다는 성공할 수 있다는 의지가 컸다. 그동안 실패의 두려움에 아무것도 시도하지 못했다. 이번엔 딸 명의로 부동산을 투자하기로 했다. 무주택인 자녀 명의라 투기과열지구인 수도권에 투자했다. 5,000만 원을 자녀에게 증여할 수 있기에 전세 갭이 컸지만, 훗날 전세금 상승분을 생각하며 투자한 것이다.

나는 자녀와 공동투자를 많이 한다. 20대 후반인 자녀가 돈이 많을 리가 없다. 공동 투자하며 딸 아이도 함께 재테크를 하는 중이다. 이로써 세 번째 집이 생겼다. 이젠 잃지 않는 투자를 하기 위해 당분간 매도하지 않을 지역에 투자한다. 자본주의 시스템에서 살아남으려고 공부했다. 이젠 근로소득만으로 돈을 불리기는 어렵다. 투자하는 시스템을 만들어 놔야 한다. 아들과 합가를 위해 용인 수지로 다시 이사했다. 이번엔 사는 집을 월세를 주고 작은집 월세로 이사했다. 낮은 월세로 이사했기에 차액은 50만 원이 남는 파이프라인을 만들었다. 오래된 아파트에서 불편한 생활이 시작되었다. 어떤 날은 수도가 동파되어 빨래방을 가야 하는데 마침 한 달간 엘리베이터 공사한 적도 있었다. 무거운 빨래를 들고 13층을 여러 번 계단으로 걸어 다녔다. 이번엔 남편이 부동산 초급, 중급 강의를 들으며 공부를 시작했다. 송도 아파트로 이사하자고 할 때 화를 냈던 남편이다. 내가 공부하고 꾸준히 실행하니 진짜 남편이 변했다. 먼저 투자처를 찾기도 한다.

내게 상담을 오는 사람들의 공통적인 질문이 있다. 예전으로 돌아간다면 그때도 자녀 교육에 올인하겠냐고 말이다. 절대 아니다. 다시 자녀를 키운다면 사교육이 아닌 돈 공부를 꼭 시키고 싶다. 부동산 만능주의를 뜻하는 것은 아니다. 사교육보다 중요한 것이 금융 교육이라는 생각이 확실해졌기 때문이다.

우리나라는 어릴 때 돈 이야기를 하면 애들이 '돈, 돈 거린다'라고 표현하며 혼을 냈다. 유대인들 이야기를 하자면 세계적으로 부자가 많은 건 그들이 부자로 태어나서가 아니라 어릴 때부터 부자로 만들어지는 교육을 받기 때문이다. 돈을 대하는 자세와 태도가 달라지면, 이것을 토대로 많은 것들이 긍정적인 변화를 일으킬 수 있다. 어차피 우리 아이들이 살아갈 몇 년 후의 세상은 이제 우리가 더 이상 장담할 수 없다. 사교육에 올인하느라 경제에 대해 무지한 채로 살았던 나는 자신 있게 말한다. 사교육보다 아이에게 돈에 대한 개념과 경제교육을 먼저 해서 앞으로의 세상에서 필요한 무기 하나를 쥐여줘야 한다고 말이다.

부동산 공부하며 임장을 다닐 때마다 가족과 함께했다. 부동산 임장을 여행처럼 다니고 부동산 중개업소를 내 집 드나들며 두려운 곳이 아닌 친근한 곳이라고 알려주고 있다. 비록 어린 시절에 이렇게 해주진 못했지만, 성인이 되어 임장을 같이 다니니 아이들이 종잣돈을 모으고 싶어 한다. 경험으로 돈 공부를 하는 것이다. 이제 내 소망은 손녀와 기차 타고 임장 여행을 다니는 것이다.

"

남의 시선이나 불편함을 견디지 못하면
돈을 벌기 힘들다.
몸테크는 지금의 시기를 미래에 투자하는 것이다.

"

더 큰 투자를 위한 다운사이징,
몸테크

위의 이야기 속 나는 월세를 구하러 가면서도 예전과는 마음가짐이 달랐다. 부동산 문을 열고 들어가는 내 자세가 당당하다는 것이 스스로 느껴졌다. 6년 전, 돈이 없어서 마지못해 작은 평수의 월세를 구하러 갈 때는 월세를 찾는다는 말을 하기가 어려워 어찌나 쭈뼛거렸는지 모른다. 하지만 지금은 상황이 다르다. 나는 투자를 하기 위해 월세로 옮기기로 한 것이다. 부동산 사무소에서 월세 계약을 하면서 시종일관 웃으며 계약서에 도장을 찍었다. 소장님이 투자한 곳이 있냐고 오히려 먼저 물어보시는 걸 보니 나의 그런 마음이 자세에서도 드러났나 보다.

그렇다. 나는 이번에는 '몸테크'를 선택한 것이다. 아이들 교육비를 대느라 어쩔 수 없이 작고 싼 월세로 옮기던 과거와는 완전히 다른 주도적인 선택이다. 몸테크란 '몸'과 '재테크'를 합성한 신조어로 불편함을 감수하더라도 노후 주택에서 재개발이나 재건축을 노리며 거주하는 재테크 방식이라고 네이버 사전에 기록되어있다. 몸테크의 범위는 여기에만 국한되어 있지 않다. 살던 곳보다 거주가 불편한 삶을 사는 걸 몸테크라고 부른다. 그야말로 가진 재산 하나인, 몸으로 때우는 것이다.

몸테크가 가능한 가장 좋은 시기는 막 결혼생활을 시작하는 신혼 때라고 생각한다. 결혼자금을 아끼고 전세자금을 줄여서 갭 투자로 내 집을 장만하고 원룸이나 오피스텔에 사는 것이다. 누구나 좋은 집에 거주하고 싶은 마음은 당연하다. 특히 젊은 나이일수록 주변의 시선에도 민감하고, 각종 SNS를 통해 보는 화려한 생활에 이미 눈이 높아져 있을 수 있다. 하지만 이때야말로 건강하고 젊은 몸이 빛을 발할 때다.

많은 사람이 몸테크를 무서워한다. 남의 시선이나 불편함을 견디지 못하면 돈을 벌기 힘들다. 고소득을 올리는 직종 외에 대부분이 비슷한 월급쟁이며 아끼고 살아도 30평대 집 한 채 마련하기 어려운 세상이 되었다. 부동산 투자를 하고 싶어도 투자금이 없다면 둘이 함께 몸으로 버텨보는 거다. 몸테크는 지금의 시기를 미래에 투자하는 것이다. 아이가 태어나면 육아와 교육비는 물론이고, 아이가 자라날 환경을 생각할 수밖에 없다. 그러니 무리를 해서라도 집 장만을 하고, 안정적인 삶을 유지해야 한다는 명목으로 큰돈을 그야말로 깔고 앉아있게 되는 경우가 많다. 자녀가 없을 때, 부부 둘이서 가볍게 조금 고생해 보는 것도 괜찮다.

물론 나 역시 과거엔 그러지 못했다. 대신 50대의 나이에 몸테크를 하기로 했다. 신혼 때나 자녀가 아주 어릴 때도 좋지만, 자녀가 성인이 된 50대도 몸테크 하기에 딱 좋은 나이다. 부부만 남았다면 특히나 거주하는 집을 줄여 노후를 준비해야 한다. 부동산 투자는 수익률이 가장 높은 재산증식 방법이다. 나 역시 투자를 위해 집을 줄여 월세로 가기로 결정했고, 성인이 된 아이들은 반강제적인 자취 생활을 결심하면서 경제적 독립에도 한 발 더 다가가게 되었다.

몸테크를 하기로 마음먹은 후 본격적으로 투자 공부를 시작했다. 부동산 투자는 무엇보다 손품과 발품으로 얻는 경험이 필요하다. 컴퓨터로 입주 물량이나 지역매매, 전세가를 알아보는 '손품'을 준비하고, 손품으로 얻은 정보를 바탕으로 현장에 나가 부동산을 직접 조사하는 '발품'으로 방점을 찍어야 한다. 부동산 정보와 흐름을 읽기 위한 세 가지 앱으로 공부를 시작했다.

부동산지인	지역분석, 수요와 입지정보, 미분양정보, 지역별 거래량, 빅데이터 지도
아실 (아파트 실거래가)	아파트 실거래가, 분양, 미분양정보, 매매, 전세, 월세 매물, 입주 물량
호갱노노	개발 호재와 매물정보가 지역 아파트별로 나온다. 지역에 들어가면 왕관 표시로 지역 대장 아파트를 알 수 있다.

우리 부부는 몸테크를 하기로 마음먹고 손품과 발품 등으로 부동산 공부를 계속한 후, 바로 실행에 옮겼다. 용인수지와 분당, 수원 근교에서 50년을 넘게 살았었다. 그렇게 반평생을 살아온 지역을 떠나 다른 곳으로 간다고 마음먹기는 쉽지 않았다. 하지만 그만큼 얻은 것도 충분했다.

강원도의 세컨 하우스 Second House 를 포함해 3년 만에 수도권 3채, 서울 1채, 지방 1채로 부동산 다주택자가 됐다. 아직도 월세살이지만 마음은 풍성하다. 내가 몸테크에서 배운 건 절대로 집을 엉덩이에 깔고 잊지 말자는 것이다. 특히 노후준비가 안 돼 있는 중장년층이라면 자식보다 돈을 먼저 키워야 할 때다.

나에게 몸테크는 가난의 탈출구였다. 그 탈출구를 통과하고 나니, 얻은 것은 자산뿐만이 아니다. 몸테크를 통해 함께 고생하며 산 덕분인지, 남편이 함께 미래를 꿈꾸는 진정한 동반자가 된 것이다. 욜로로 쿵짝을 맞출 때와는 확연히 다르다. 매달 나가는 돈에 점점 쪼그라들던 통장을 보며 한숨짓던 날은 3년 전에 끝났다. 이제 우리 부부는 어떻게 종잣돈을 모아서 또 다른 파이프라인을 구축할까? 머리를 맞대며 행복한 고민을 하는 단짝 친구가 되었다.

부동산 공부는 필수다, 책이나 강의를 듣고 공부하는 사람은 자신만의 기준을 가지고 투자해야 한다. 뒤늦게 상승장에 올라탄 20, 30대 젊은이들이 영끌해서 소형 아파트를 산다고 여러 번 방송으로 나왔다. 계속되는 상승에 지금이라도 매수해야 할 분위기가 조성되니 젊은이들이 풀 대출로 투자한 것이다. 2022년도 말부터 오른 대출이자는 현재 진행형이다. 이자로 인해 견디지 못하는 아파트나 빌라가 경매에 나오고 있다. 상승장도, 하락장도 영원히 계속되진 않는다. 부자의 속도를 높이려면 부동산은 예측보다는 대응해야 한다. 자산을 잃지 않도록 부동산 하락장을 공부하고 대응해보자.

"

천리 길이 한 걸음부터인 것처럼
그렇게 천천히 이뤄 가면 된다.

"

모든 길은 서울로 통한다

나에겐 지방투자 트라우마가 있다. 2006년 지방 아파트에 두 번 투자했다가 크게 실패한 쓰라린 기억 때문이다. 그 당시 입주 물량, 공급 부족, 수요가 뭔지도 모른 채, 화려한 견본 주택만 보고 계약했다. 현장 조사도 하지 않고 지인의 말만 믿고 투자한 것이다. 계약금 10%만 내고 마냥 기다렸다. 시간이 흐르면 아파트는 지어질 것이고, 그러면 당연히 세입자가 들어올 거라고 믿은 것이다.

그때 현장 조사만 했어도 그 지역에 신규 물량이 몰려 있었다는 사실을 알았을 것이다. 결국 나는 제 때 세입자를 맞출 수가 없었다. 한 채는 집 가격의 10%인 계약금을 받지 못한 건 물론이고 마이너스 프리미엄으로 매수자에게 돈을 더 내줘야 하는 가슴 아픈 투자를 했다. 또 1채는 50평대로 매수자가 없었기에 10% 계약금에 4,000만 원(이자 비용)을 더해 분양을 해약했다. 1억 원 정도의 손해로 우리 집 가계부채는 커져만 갔다. 그 후 지방 부동산 투자엔 아예 관심을 두지 않고 살았다. 그렇다고 또 서울에 관심이 있는 것도 아니었다. 서울에 살아본 적 없는 나는 매연과 빽빽한 아파트, 그리고 교통이 혼잡하다며 서울에 대한 부정적인 생각을 하고 있었다.

하지만 뒤늦게 부동산 기초, 중급, 경매 공부를 하면서 '서울'이 갖는 의미를 알게 됐다. 사람이 살 수 있는 땅은 제한적이다. 늘어나지 않는 땅덩어리 중 더 이상 지을 땅이 없는 곳이 서울이다. 그린벨트를 풀지 않는 한 신규택지를 개발할 곳이 많지 않다. 수도권이나 지방에 일자리를 만든다 해도 문화, 교통, 교육, 일자리의 중심지는 서울이다. 이 인구 밀집 현상은 쉽게 변하지 않을 것이다. 인구가 많으면 수요가 많을 수밖에 없다.

가족과 제2롯데월드 전망대에 올라갔을 때다. 시내가 한눈에 내려다보였다. 송파에 사는 친구 아파트가 보였고, 올림픽 공원과 한강이 보였다. 서울에 대한 부정적인 생각은 한순간에 사라지고, '서울에 내 집 깃발 하나 꽂고 싶다'라는 생각이 들었다. 부동산 공부를 통해 나의 눈이 깨인 것이다.

'내가 부동산을 몰랐구나, 투자는 무조건 서울인데'

당장 이제껏 했던 공부를 토대로 투자하고 싶은 생각이 굴뚝같았지만, 나에겐 종잣돈이 없었다. 집으로 돌아와 '부동산 스터디' 카페에 가입하고 매일 서울에 대한 정보를 습득했다. 다른 사람의 경험담 속 성공과 실패의 노하우에서 도움을 받기도 했다. '투자한다면 인테리어를 이렇게 해야지'라며 머릿속에 그려놓고, 자기 확언에는 '서울집 1채를 매수했다'라고 써 놓고 100번 외치며 시각화했다.

이제 실행에 옮길 방법을 찾을 때다. 나는 이미 3채의 다주택자라 포지션을 잘 잡아야 했다. 게다가 가진 돈은 3,000만 원이었다. 갭투자를 해야 하는데 서울에서는 이 금액으로 쉽지 않았다. 공시가 1억 원 미만의 부동산에 투자해야 취득세가 1.1%로 부담이 없다. 강북구 수유동에 싼 매물이 있다는 소리에 남편과 달려갔다. 방 2개에 2층이 1억 4,000만 원이었다. 공시가로는 1억 원 미만이었다. 가서 직접 확인하니 좁고 위치도 마음에 들지 않았다. 소장님이 이 물건밖에 없다며 자꾸 재촉하셨다. '오늘 매수하려고 하는데, 없으면 다른 부동산에서 알아볼게요' 하니 바로 공동중개 매물을 보여주셨다.

이번에 본 집은 방 3개에 앞뒤 베란다도 있고 가격은 1억 3,000만 원이었다. 위치도 나쁘지 않고 특히 가로주택정비사업* 안에 있는 매물이었다. 빌라는 처음이라 가격이 제대로 된 건지 궁금해졌다. 아파트는 실거래가가 형성되어 있어 크게 손해 보는 경우가 드물다. 하지만 빌라는 정확한 시세 가격을 모르는 경우가 많다. 빌라 시세가 궁

* 노후·저층주거지에서 종전의 도로와 기반시설 등 기존의 도시조직을 유지하면서, 소규모로 주거환경을 개선하기 위하여 시행하는 사업을 말한다.

금하다면 매도자 입장에서 '집을 매도하려는데 방 3개에 00년도 준공인데 얼마에 팔 수 있을까요?'라고 하면 답변이 온다. 이때 매수자 입장에서 물어보면 다른 답변이 온다. 매도금액보다 더 높게 부르는 것이다. 매수, 매도의 중간 가격으로 잘 책정해야만 손해 보지 않을 수 있다.

이런 방법으로 빌라 매수 시 계약금 1,250만 원을 지급했다. 500만 원을 저렴하게 산 것이다. 30년이 다 된 낡은 빌라기에 바닥, 창틀, 난방, 현관문까지 교체해야 했다. 인테리어 견적으로만 2,200만 원이 나왔다. 빈집이었지만 매수자는 돈이 있어야 수리할 수 있다며 중도금을 요구했다. 2,000만 원의 중도금을 주고 전체 인테리어를 하는 도중에 전세가 빠르게 나갔다. 받은 전세금이 1억 3,500만 원이다. 매수 금액보다 1,000만 원 더 높게 계약이 이루어졌다. 나는 이렇게 수리비를 제하고도 중개비 포함 1,260만 원으로 서울 빌라에 투자할 수 있었다.

서울에 투자할 때 무조건 아파트에 투자해야 한다고 강력하게 말하는 사람들이 있다. 하지만 나처럼 들고 있는 돈이 적은 경우라면 서울 아파트 투자의 길은 요원하기만 하다. 나는 방법을 달리했다. 빌라로 조금 기준을 낮춘 덕분에 내가 꿈꾸던 서울에 내 집을 한 채 더 마련할 수 있었고, 많은 돈을 들이지 않고도 수익을 올릴 수 있었다. 지금은 남은 투자금액으로 종잣돈을 모으며 또다시 올 기회를 준비하는 중이니, 곧 서울 아파트도 입성할 수 있을 거라고 믿는다. 천 리 길이 한 걸음부터인 것처럼 그렇게 천천히 이뤄 가면 된다.

"

배당주 투자를 하며
기다리는 방법을 배우게 되었다.
1년간 공모주 청약만 해서 수익만 모아도
쏠쏠하게 모인다.

"

4

재테크 계의 소확행,
배당주와 공모주

송도에 거주할 때다. 교보문고 매대에 진열된 책 제목에 눈길이 갔다. 부동산에서 월세 받는 것처럼 달러로 월세를 받을 수 있다는 글에 나도 모르게 책을 집어 들고 집으로 왔다. 어려운 용어가 많았지만, 일주일에 걸쳐 꼼꼼하게 읽어본 후엔 '나도 배당주에 투자해보고 싶다'는 생각에 사로잡혔다. 배당주란, 정기적으로 기업의 수익을 받는 주식이다. 국내 주식으로 투자를 학습한 나는 주식시장의 안전지대라고 할 수 있는 배당주를 투자하기로 마음먹었다.

배당주에 투자하려고 해외주식을 따로 개설했다. 증권사를 방문해도 되고 모바일로 증권사 앱을 다운받아 개설할 수 있다. 증권용 공인인증서도 발급받고 계좌를 만들어 매수할 종목을 '관심종목'에 등록했다. 종잣돈이 없었기에 식비를 아낀 돈, 앱테크로 모은 돈을 모두 끌어모아 스타벅스 1주를 샀다. 내가 산 스타벅스는 배당 성장주다. 초보자일수록 누구나 아는 안전한 배당주에 투자해야 잃지 않는다.

초보자였기에 1주를 연습 삼아 샀다. 1주로 시작해 환전, 매수, 매도를 경험해 봐야 공부가 된다. 달러로 매수해야 하기에 미국 주식 시장이 개장하기 전 달러로 환전해 놓아야 한다. 달러로 투자하니 매번 환율을 체크해서 경제 흐름을 놓치지 않는다는 것도 생각지 못한 공부가 되었다. 환율이 높을 때는 투자하지 않고 내릴 때까지 기다렸다. 배당주 투자를 하며 기다리는 방법을 배우게 되었다.

누구나 자신에게 맞는 투자법이 있다. 내겐 미국 배당주 투자가 잘 맞는다는 생각이 들었다. 노후 자금이 돼 줄 씨앗이기에 연금에 가입하듯이 배당주를 사 모으는 중이다. 큰돈을 투자하지 않았고, 매달 식비를 아껴서 안전한 배당주에 투자하는 방식을 택했다. 50년 이상 된 기업을 배당왕이라고 부른다. 코카콜라, 존슨앤존슨, 애플처럼 꾸준히 배당이 나오는 이곳에 조금씩 투자하고 있다. 우리가 늘 마시는 커피나 음료 주식에 넣어 놓고 배당주가 월세처럼 나온다면 얼마나 좋을까? 상상만으로도 행복하다.

미국 배당주는 주식 1주당 가격이 비싸 여유가 없는 분에겐 먼 이야기였지만, 2020년 소수점 투자가 생기면서 1,000원만 있어도 해외 주식에 투자할 기회가 열렸다. 소수점 투자란 1주로 거래되던 주식을 0.1주와 같은 소수점으로 나눠서 투자할 수 있게 만든 제도다. 예를 들어 9명이 0.1주씩 매수신청을 해서 0.1주가 모자란다면, 증권사에서 이를 채워서 1주를 만들어 거래를 성사시키는 방식이다. 단 실시간 거래가 불가능하다는 단점도 있다. 이 제도는 〈한국투자증권〉과 〈신한투자증권〉에서 시작했고, 지금은 많은 증권사에서 같은 방식으로 거래할 수 있다.

나는 〈카카오뱅크〉의 '미니스탁'을 이용해서 배당주 투자를 하는데, 개설하는 방법은 증권사 계좌를 개설하는 것과 똑같다. 〈카카오뱅크〉 앱에서 제휴 서비스 – 해외주식투자 선택 – 천원으로 시작하는 해외주식투자 가입하기 – 본인인증 후 미니스탁 앱 깔기 – 본인인증하고 간편 비밀번호를 등록하면 서비스를 이용할 수 있다. 참고로 만 19세 대한민국 국적의 성인만 거래할 수 있다.

배당주를 하면서 자연스레 공모주에도 관심을 두었다. 공모주는 말 그대로 공개모집이란 주식의 약자이다. 기업은 자금조달이 목적이고 투자자는 신규 상장에 투자할 기회가 온다. 공모주 용어를 이해해야 공모주 청약을 할 수 있다. 공모주 용어는 다소 생소하겠지만 간단히 설명하자면 다음과 같다.

수요예측일	각종 기관들에게 좋은 기업인지 아닌지 의견을 물어보는 기간이다.
공모청약일	수요예측일이 끝나고 공모가가 확정되면 공모 청약일에 청약할 수 있다.
상장일	공모주 청약으로 받은 주식이 증권시장에 상장하는 날이다.
의무보유확약	상장하는 기업의 공모주를 받는 기관들이 일정 기간 주식을 팔지 않겠다고 약속하는 것을 의미한다.
따블	시초가가 공모가의 2배가 되는 것을 의미한다.
따상	시초가가 공모가의 2배가 된 후 상한가(최대 30%)를 의미한다.

　공모주 청약을 통해 상장 전 주식을 미리 배정받을 수 있다. 공모주에 투자할 때는 자녀가 미성년자라도 계좌 개설이 가능하기에 여러 계좌를 개설해 놓는 것이 좋다. 매번 청약 증권사가 다르기에 빠르게 청약하려면 미리 계좌를 만들어 놓아야 한다. 신규 계좌 개설은 한 달에 한 번만 가능하기 때문에 틈틈이 해놓길 바란다.

　증권사 계좌를 개설했다면 청약증거금을 입금하고, 공모주 청약일에 청약하면 된다. 청약 증거금률은 50%다. 예를 들어 공모가 1만 원에 10주를 청약하고 싶으면 최소청약증거금으로 10주에 해당하는 10만 원의 50%인 5만 원이 필요하다. 만약 1주만 받았다면 나머지 금액은 계좌로 환불처리 된다.

공모주를 배정하는 방법은 다음과 같다.

균등배정	최소 증거금을 낸 신청자에 따라 균등 배분하는 방식
비례배정	공모주 경쟁률, 청약 신청 수량에 따라 비례 배분하는 방식

다만 인기 있는 공모주는 경쟁률이 높아 배정받지 못하는 때도 있다.

내가 첫 공모주를 투자한 날이 22년 1월이다. 공모가 30만 원으로 2차전지 관련 'LG에너지솔루션'을 1주 받았다. 상장 당일에 매도하라는 지인의 조언에 매도했을 때 가격이 54만 원이었다. 무려 24만 원이란 수익을 보고 나니 공모주와 사랑에 빠졌다. 공모주는 상장일에 대부분 매도를 했다. 큰 수익이 아닐 때도 있지만, 큰돈이 들어가지 않고, 확실한 수익을 보장하는 점에서 자투리 재산을 불리기엔 꽤 좋다.

어쩌면 남들이 주식으로 올리는 수익에 비하면 너무 소소해서 부끄럽기도 하다. 하지만 주식으로 크게 실패를 봤던 내 입장에서는 충분히 만족스럽다. 잃지 않는 투자를 한다는 점에서, 종잣돈을 그냥 묵히지 않는다는 점에서 성공적이라고 본다.

미국 배당주는 노후 자금으로 든든하게 묵혀두고, 공모주 수익은 여행자금으로 사용하고 있다. 1년간 공모주 청약만 해서 수익만 모아도 쏠쏠하게 모인다. 한때 욜로였다가 이제는 자린고비처럼 아끼며 살아가는 나에게 배당주와 공모주는 소소하지만 확실한 행복을 주는 재테크 투자다.

“

1. 절대로 돈을 잃지 말라

2. 1원칙을 절대 잊지 말라

”

자신에게 알맞은 주식 투자 방법은
따로 있다

아이를 업은 젊은 엄마가 주식 객장에 나타나면 끝물이라는 속설이 있다. 그때가 상투라는 뜻도 있지만, 그만큼 누구나 쉽게 주식 시장에 참가할 수 있고 투자금액이 적어도 가능하다는 게 주식의 매력이다. 그러니 자본주의에서 주식을 안 해본 사람이 몇이나 될까? 근로소득, 사업소득, 자본소득 중 근로소득이 전부인 월급쟁이가 가장 접근하기 쉬운 투자가 주식 투자다. 높은 은행 금리와 치솟은 집값과 교육비, 평균수명의 증가로 월급으로 적금만 들며 부자를 꿈꾸는 세상은 쉽지 않게 됐다. 그래서 주식에 투자하지만 제대로 알고 하는 사람은 얼마나 되나 싶다. 그래서 탈고 많고 말도 많은 것이 주식 투자의 세계다.

부동산 초보자를 부린이라고 부르듯이 주식을 모르는 사람을 주린이라고 부른다. 나는 지금도 주식에 대해서 잘 알지는 못하지만, 그야말로 신생아에 가까운 주린이 시절이 있었다. 그런데, 마침 지인이 주식으로 수익이 났다기에 묻지마 투자로 300만 원을 겁 없이 주식에 올인했다. 초심자의 운이었을까, 300만 원은 500만 원이 되었다. 차트나 실적을 볼 줄 모르는 상황에서 수익을 본 나는 대부분의 주식 초보자가 그렇듯이 매도해야 하는 타이밍을 놓쳤다. 욕심이 화를 부른 것이다. 오를 거라는 기대에 계속 놔두었다가 큰 손실을 보고 말았다.

주식을 하다 보니 내 성향을 알 수 있었다. 손실을 두려워하지 않아서 주식 투자를 공격적으로 했다. 수익이 날 때는 크게 벌지만, 손실이 나도 크게 난다. 그걸 알면서도 정작 투자에는 적용하지 못해, '조금만 더'라는 마음으로 붙잡고 있곤 했다. 만약 이런 공격적인 성향이라면 투자의 종목을 바꾸는 것도 한 방법이 될 수 있다.

미술선생을 할 때였다. 딸의 같은 반 친구에게 그림을 가르치면서 마침 아이 엄마와 투자 이야기를 나눌 기회가 있었다. 내가 주식을 할 때 그녀는 펀드를 한다며 인덱스 펀드에 관해 설명하고 KOSPI 200종목을 추천했다. 자세히 알아보니 나처럼 공격적인 사람이 안정적으로 투자할 대안이 되겠다는 생각이 들었다.

KOSPI 200은 유가증권 시장에 상장된 보통주 중 시장 대표성, 산업 대표성, 유동성 등 다양한 기준으로 선정된 200종목으로 구성

되어 있다. 시총이 높은 좋은 주식들로만 구성되었지만, 단일 주식을 사는 것과 다르게 펀드는 소액으로 우량주 투자가 가능하다. 시총이 높은 주식으로 분산투자를 할 수 있다. 직접 투자가 아니기에 시간이 절약되기도 한다. 이렇게 장점이 많은 투자지만, 원금 손실의 위험이 있다는 게 큰 단점이다.

그래서 나도 나만의 투자원칙을 세우기로 했다. 투자의 귀재 워런 버핏의 투자원칙을 따라 한 것이다.

1. 절대로 돈을 잃지 말라
2. 1원칙을 절대 잊지 말라

나는 위에 적은 원칙을 명심하며 인덱스 펀드에 투자하고 있다. 내가 하는 방법은 1,000만 원으로 수익을 내는 구조다. 주식은 투자한 종목이 올라야 수익이 나지만, 펀드는 주가지수가 빨간불이면 수익이다. KOSPI 지수가 내려갈 때 조금씩 분할로 넣었다. 자동이체는 하지 않았다. 주가지수가 높이 올라갈 때도 매수하지 않았다. 1,000만 원을 다 넣고 나면 수익이 날 때까지 기다린다. 수익 데드라인은 10%다. 무조건 매도한다. 매도한 수익은 또 다른 펀드계좌에 넣었다. 수익으로만 운영하고 있기에 마음이 편하다. 그저 묵묵히 기다리기만 하면 되는 것이다.

워런 버핏이 가장 후회하는 일은 5살이나 7살에 주식을 시작하지 않은 것이라고 한다. 11살에 주식 투자를 시작한 워런 버핏이 농담처럼 하는 말 같지만, 묵혀둘수록 수익률이 올라가는 주식의 속성을 생각하면 이해가 갈 만하다. 나 같은 50대의 나이에는 마냥 묵혀둘 수만은 없으니 따라 할 수도 없는 노릇이다. 대신 나는, 뒤늦게 투자한 안타까움을 손녀를 통해서 발산하고 있다. 이제 8개월 된 손녀에게 주식계좌를 만들어 준 것이다.

손녀를 보러 갈 때마다 만 원씩 주식 통장에 넣어주고 있다. 가까이 살다 보니 자주 만나기 때문에 제법 돈이 모였다. 지금의 만원은 적은 돈이지만, 아이가 자랐을 때 얼마의 돈이 될지는 아무도 알 수 없다. 손녀가 조금 더 크면 스스로 관리하게 하고 증권사도 데려가 주식을 사게 할 참이다. 그 과정을 통해 주식에 있어서 기다림의 미학을 가르쳐주고, 어릴 때부터 습관이 되는 '자기통제력'을 가르쳐주고 싶다. 주식으로 크게 성공하진 못했지만, 노후 자금을 준비하면서도, 손녀에게 금융 교육을 해줄 수 있는 할머니가 되어서 참 다행이다.

"

내 귀까지 들어온다면
그건 더 이상 좋은 정보가 아니다.

"

50대 주린이 주식공부 시작하기

주식 투자를 하고 싶지만 어려워 포기하는 분이 많다. 특히 처음 시작하려는 중, 장년층은 더 어려워한다. 공부보다 귀동냥으로 좋은 정보를 얻어서 거기에서 수익을 올리길 바라는 마음도 이해는 된다. 하지만, 주식시장의 속설대로 내 귀까지 들어온다면 그건 더 이상 좋은 정보가 아니다. '혹시나'하는 심정으로 지푸라기 잡듯 매달리지 말고 정석대로 공부하는 것밖에 없다.

남편과 나는 부동산 공부로 어느 정도 수익을 올린 후 주식 공부를 하기로 했다. 50대에 공부를 시작하려니 나 역시 어려움이 많았다. 묻지마 투자를 하던 가장 대표적인 사람이니 오죽했으랴. 그랬던 내가 주식 공부를 하면서 조금씩 관련 지식과 경험이 쌓이고 있다. 주린이였던 내가 했던 공부 경험을 조금 나누려고 한다.

처음 주식을 접한다면 경제신문을 먼저 읽으라고 추천한다. 내가 맨 처음 접한 것도 신문이다. 인터넷 신문인 서울경제, 한국경제, 매일경제신문을 다운받으면 경제 뉴스를 볼 수 있다. 물론 주린이인 경우 뉴스에 나오는 용어 자체를 이해하는 데에도 어려움을 겪기 마련이다. 따라서 신문을 읽는 동시에 주식 관련 책을 읽고 증권용어를 공부할 필요가 있다. 주식 관련 책 10권 이상은 꼭 읽어보도록 하자. 시가총액, 보통주, 우선주, 호재, 악재, 상한가, 하한가라든가 기초적인 매수, 매도, 시가. 종가, 시장가, 물타기, 미수 매매 등 용어를 알아야 시작할 수 있다.

기본을 익히는 추천도서 5권

1. 월가의 영웅들 (피터 린치, 존 로스차일드)
2. 돈, 뜨겁게 사랑하고 차갑게 다루어라 (앙드레 코스톨라니)
3. 주식하는 마음 (홍진채)
4. 주식투자 절대 원칙 (박영옥)
5. 나는 월급날 주식을 산다 (봉현이형)

> **실전을 익히는 추천도서 5권**
>
> 1. 한국형 탑다운 투자전략 (윤지호 외 4명)
> 2. 성장주에 투자하라 (이정윤)
> 3. 흔들리지 않는 투자를 위한 경제지표 9 (하이엠)
> 4. 주린이가 가장 알고 싶은 최다 질문 TOP 77 (염승환)
> 5. 주식초보자가 가장 알고 싶은 재무재표 최다질문
>   TOP52 (양대천)

주식 공부의 시작은 경제에 대한 관심이다. 요즘은 어플이 잘 되어 있고 인터넷 신문도 보기 편하게 되어 있다. 휴대전화기에서 어플을 받아 자투리 틈새 시간에 세상 돌아가는 상황을 확인해보자. 내가 가장 많이 보는 곳은 '인베스팅 닷컴'이다. '인베스팅 닷컴'은 나라별로 변동률을 실시간으로 조회하는 사이트다. 코스피지수, 다우지수, 각 나라의 주가지수와 환율, 유가 원자재, 금 시세 등을 볼 수 있다.

또 네이버 하나만 잘 활용해도 세상 돌아가는 것을 알 수 있다. 먼저 증권란에서 해외증시 업데이트 상황을 살펴본다. 미국 다우지수 및 해외증시 상황이 국내에 미미하지만 확실한 영향을 미치기 때문

이다. 다음은 시장 지표에서 환율이나 원자재가격, 유가 외 항목을 살펴본다. 국내 증시 항목에서는 주식 상황 및 뉴스를 주로 살펴본다. 이때 내가 투자한 종목이나 평소에 관심 있는 주식을 좀 더 주의 깊게 살펴본다. 종목 분석란에서는 관심주에 대한 분석을 한다. (각종 차트 및 재무재표)

책으로 기본을 다진다면, 실시간으로 업데이트되는 상황과 경제 흐름 파악은 유튜브 채널을 활용해도 좋다. 좋은 채널이 많지만 내가 공부하며 자주 보는 유튜브는 〈염블리와 함께〉라는 채널이다. 월요일부터 금요일까지 시장의 흐름과 수급 상황을 알려 주는데, 워낙 주린이도 쉽게 알 수 있도록 설명해 주기 때문에 많은 도움이 된다. 특히 토요일은 함께 배우기를 통해서 현재 주도주, 성장주 등의 전문 지식을 알기 쉽게 설명 및 요약해주기에 주식을 공부하기에 좋다. (예: 반도체, 2차전지, 조선, OLED 등)

이밖에도 많은 채널이 있으므로 자신의 수준과 취향에 맞는 채널을 선택해서 꾸준히 관심을 갖고 공부를 한다면, 적어도 묻지마 투자보다는 훨씬 더 수익을 올릴 수 있을 것이다. 주식 투자는 적은 돈으로 자본소득을 벌 수 있는 장점이 있지만, 단점도 크다는 걸 잊지 말고 공부 후 투자하길 권한다.

주식 투자의 장점

- 경제 동향 및 시장흐름 각종 산업 트렌드(반도체, 2차 전지, 바이오, 엔터 등)를 알 수 있다
- 새로운 지식을 습득하며 주식이 재미있어진다.
- 흐름을 파악해 주도주나 성장주를 투자하면 수익을 얻을 수 있다

주식 투자의 단점

- 각 회사의 변동성 및 상황 변화가 심해 지속적인 관심과 공부가 필요하다.
- 공부하는 이론과 실제 상황이 달라 꾸준한 공부와 투자로 내공을 쌓아야 한다(1년 이상)
- 수익이 나면 조급함이 생겨 신용(미수)을 쓰고 싶어진다(조심 또 조심).
- 주식은 각자의 성향이 달라서 자기 스타일에 따라 장, 단기 투자를 해야 하며 특히 여윳돈으로만 투자해야 한다. 주린이라면 성장하는 회사에 장기투자를 추천한다.

"

물감을 아끼면 그림을 그릴 수 없듯
꿈을 아끼면 성공할 수 없다

"

꿈을 아끼면 성공할 수 없다

월급을 아끼고 종잣돈을 모은다고 빠르게 부자가 되지는 않는다. 부동산 임대로 많은 월세 수익을 얻으면 좋겠지만, 이제야 부자의 길로 가는 입구에 들어선 나에겐 아주 약간의 임대 수익이 있을 뿐이다. 월급처럼 매달 나오는 무언가 필요했다. 그렇다면 잠자는 동안에도 돈이 나오는 시스템을 만들면 되는 것이다. 그동안 만났던 롤 모델도, 읽은 책 속의 주인공들도 시스템을 만들어 결국은 성공했다.

'그래, 일하지 않고도 돈이 나오는 시스템을 만들어 보자'

나는 저지르는 실행력이 강한 편이다. 실행하겠다고 마음을 먹자 불안함이 사라졌다. 우연히 들은 무인카페 창업 강의에 귀가 솔깃했다. 하루 한 시간 투자로 월 200만 원을 버는 시스템으로 강사는 무려 4개의 매장을 운영한다고 했다. 게다가 당시 계절은 여름이었다.

무인카페를 시작하기 딱 좋은 계절이라는 생각에, 조금 더 빨리 결정하기로 했다.

물론, 그때도 진입장벽이 낮은 무인카페는 레드오션이었다. 충분한 수요와 상권분석을 하지 않고 뛰어들었다가는 낭패를 볼 수 있다. 대신 입지와 상권을 충분히 분석하고 시작하면 월급쟁이 초봉 월급 정도는 수익으로 들어온다고 파악했다. 따로 사람을 쓰지 않고, 나의 노동력으로 긴 시간을 들이지 않아도 충분했다. 빠르게 실행에 옮긴 덕에 지금 이 글을 쓰는 이 시간에도 내가 심어놓은 파이프라인에서 돈 열매가 무럭무럭 자라고 있다. 나의 또 하나의 파이프라인이 된 무인카페 이야기는 뒷장에서 자세히 풀어보도록 하겠다.

실행이 중요한 이유는 모든 일이 처음 한 번이 어렵지, 두 번째는 쉬워지기 때문이다. 소자본으로 시작한 무인카페가 제법 자리를 잡자 또 다른 시스템을 만들고 싶어졌다. 가지고 있는 자금이 얼마나 있나 남편과 머리를 맞대고 통장을 들췄다. 1년 후 내주어야 하는 전세금이 조금 남았고, 그동안 모아놓은 종잣돈 2,000만 원이 전부다. 이 돈으로 어떻게 파이프라인을 만들 수 있을까. 깊이 고민하면 길이 보이기 마련이다.

KBS 방송 〈해볼 만한 아침〉에 출연했을 때가 떠올랐다. 20대부터 50대까지 4명의 게스트가 나와 '짠테크를 해보라'는 주제로 방송했다. 그중 30대 대표로 나온 젊은 분 이야기가 갑자기 떠오른 것이다. 방이 3개 있는 빌라를 매매해 셰어 하우스 개념으로 방 하나씩 임대주고 본인은 거실에서 자며 돈을 모았다는 이야기다. 전세나 월세가 아닌 또 다른 방법으로 돈을 벌 수 있다는 걸 그분을 통해 알았다. 그때는 그냥 흘려듣기만 했는데, 어떻게 파이프라인을 만들까 생각해보니 퍼뜩 그 이야기가 머릿속을 스쳤다. 그리고 보니 나 역시 늘 바닷가 앞에 집 한 채가 있으면 좋겠다는 꿈을 꾸고 있었다.

가진 돈을 가지고 머리를 굴려야 했다. 1년 후 돌려주어야 하는 돈은 5,000만 원이다. 총 7,000만 원으로 공간임대를 알아보기 시작했다. 남편은 유난히 바다를 좋아한다. 특히 동해 바닷가를 누구보다 사랑한다. 송도 살 때도 바닷가가 근처라 행복해했다. 2년 전 부자가 되기 위해 다시 경기 남부로 이사해야 한다고 할 때 남편의 눈은 슬퍼 보였다. 힘들 땐 바다를 보며 위로받는 남편에게 바닷가 근처 세컨 하우스를 선물해주고 싶었다. 몸테크까지 하며 묵묵히 따라와 준 남편에게 보상해 주고 싶은 마음이었다.

간절한 마음으로 집중하자 꿈은 그렇게 한 방향으로 초점을 맞추기 시작한다. 언제 봐도 좋은 동해 바다, 파도치는 소리만 들어도 행복한 우리 부부가 언제든지 쉴 공간, 그리고 우리에게 또 다른 수익을 안겨줄 세컨 하우스를 6,500만 원에 마련했다. 관심 있는 분들을 위해서 이 역시 다음 장에서 자세히 설명해 놓았다. 이렇게 두 곳에서만. 매달 300만~350만 원 이상 수입이 통장에 꽂힌다.

가진 돈이 하나도 없다고, 그래서 파이프라인을 만들 수 없다고 생각하지 않았으면 좋겠다. 워런 버핏은 '최고의 투자는 자기 자신에게 하는 것'이라고 말했다. 더 많이 배우면 더 많이 얻을 수 있고, 그것이 최고의 투자라는 것이다. 나 역시 무인카페와 공간임대라는 소자본 투자를 하기 전, 무자본 창업으로 수익을 냈다. 내 경험과 시간을 팔았다.

당장 돈이 되지 않아 보이는 블로그도 꾸준히 했고, 단 몇 명이 들어오는 식비 절약 프로젝트도 영혼을 갈아 넣는다고 할 만큼 최선을 다했다. 그러자 나의 브랜드가 쌓이고, 나를 찾는 사람들이 많아지면서 나중에는 내가 움직이는 모든 것들에 수익이 발생하기 시작했다. 그러니 단돈 10만 원밖에 없다면 최고의 투자처인 나의 배움에 투자하길 바란다. 그것이 쌓이고 쌓여서 분명 또 다른 파이프라인을 만들어 줄 것이다.

무자본 창업과 소자본 창업으로 투자해 보니 열심히만 산다고 부자가 되지 않는다는 진리를 깨달았다. 열심히 사는 게 중요한 게 아니라 어떻게 사느냐가 더 중요하다. 꿈이 있어야 어떻게 살아갈까를 고민하게 되므로 꿈을 꾸는 것이 먼저다. 방송인 김국진 씨가 한 말을 인용해본다

'물감을 아끼면 그림을 그릴 수 없듯 꿈을 아끼면 성공할 수 없다'

나는 나의 또 다른 꿈을 위해 물감을 아끼지 않을 것이다. 이미 많은 돈을 강의 듣기, 돈 공부로 지불했고, 그 배움을 가지고 빠르게 행동으로 옮겼다. 앞으로 또 뭔가 필요하다고 생각이 들 때면 아낌없이 배우고 또 움직일 것이다. 언제까지 내 월급으로만 살 것인가! 타인의 삶 속 조연이 아니라 내가 주인공이 되어 살아가는 삶, 생산자의 삶을 살길 간절히 꿈꾸고 원한다면 당신 앞에 수많은 파이프라인이 나타날 것이다.

4부

결론, 어떤 삶을 살았더라도, 시작은 지금부터

— 3년 후 당신의 미래를 바꿀 3가지 솔루션

1장

내 경험과 지식을 돈으로 바꾸기
― 세상에 가치없는 경험은 없다

"

우리는 왜 무자본 콘텐츠 사업을 해야 할까?
혼자 할 수 있고 자본이 들지 않아서
잃을 게 없기 때문이다.

"

월급 말고 100만 원 더!

　50대 중반에 다시 찾은 내 평생의 직업은 강사였다. 다꿈스쿨 수강생에서 2년 만에 다꿈스쿨 무자본 창업 정규 강사가 되었다. 지식과 노하우를 전달하는 일은 꽤 멋진 직업이다. 어떻게 무자본 창업 강사가 될 수 있었을까?

　2020년 11월 창업 멘토링 수업을 들었다. 창업을 주제로 하는 강의였다. 강의를 듣기만 하고 끝내면 안 된다는 생각이 머릿속에 맴돌았다. 인풋만 하던 내 심장이 마구 뛰었다. 수업을 들으며 내가 할 수 있는 콘텐츠가 뭐가 있을까? 생각해보니 식비 절약이 있었다. 무자본 창업은 재고가 없는 비즈니스다. 바로 시작해야겠다는 생각이 강하게 들었다. '처음부터 고수는 없다. 가르치다 보면 내가 더 성장하며 고수가 될 거야'라고 되뇌며 블로그에 모집 글을 올렸다. '뚝딱 절약 식비 1기 모집, 고물가 시대에 식비 절약 팁이 궁금하십니까?'라는 제목으로 콘텐츠 이름은 뚝딱 절약 식비다. 하루 1만 원으로 집밥을 차릴 수 있다는 모집 글에 인원이 마감됐다. 이렇게 시작한 콘텐츠는 지금까지 잘 유지되고 있다.

뚝딱 절약 식비 콘텐츠를 14기를 운영하고 있을 때 즈음 『50대에 도전해서 부자 되는 법』 책이 출간되었다. 출간 후 시작이 두렵고, 늦었다고 생각하는 중장년이 무엇이든 배우기 시작하는 걸 보았다. 내 책을 읽은 40대~60대가 서서히 움직이며 한 걸음 앞으로 내디딘 것이다. 나도 처음 시작할 때는 무엇부터 해야 할지 몰랐다. 단계별로 알려주는 곳이 없어 매번 힘겨웠다. 따라 할 수 있는 것부터 배웠다. 배움을 돈으로 바꿔야 한다는 생각만 가득했다. 인풋을 꾸준히 하다 보니 자본 없이도 창업할 기회가 온 것이다.

무자본 창업이란 자본이 들지 않는 창업을 말한다. 임대료가 들지 않는다. 내 지식과 경험을 돈으로 바꾸면 된다. 늘 해 왔던 나만의 경험이라는 노하우를 가지고 돈을 벌 수 있다. 나만의 스토리로 시작하는 것이다. 무자본 창업은 나를 먼저 드러내야 한다. 어디에 알려야 할까? 블로그나 인스타그램, 유튜브 같은 SNS에 내 소개와 콘텐츠에 관한 글을 꾸준히 쌓아야 한다. 이렇게 SNS를 소통창구로 이용할 수가 있다. 나를 알릴 수 있는 가장 강력한 도구이며 온라인 명함이 된다. 마케팅과 자신의 브랜드를 노출하는 공간이기도 하다. 인스타그램이 20, 30대 젊은 층이 선호하는 플랫폼이라면 블로그는

40, 50대가 사용하기 쉬운 플랫폼이다.

블로그는 네이버 이메일을 만들면 자동 생성된다. 블로그는 글쓰기나 꾸미기가 쉬워 누구나 접근하기 좋다. 콘텐츠를 시작하기 전 닉네임을 정해보자. 닉네임은 내가 하고자 하는 콘텐츠와 결이 맞아야 기억하기 쉽다. 예를 들면 세금을 주제로 강의하는 '소크라택스언니'라던가, 부동산 강의로 콘텐츠를 찾은 부동산 멘토 '월천'님은 콘텐츠와 어울리는 닉네임이다. 무자본 창업의 종류는 콘텐츠 사업만 있는 건 아니다. 다음은 내가 지금껏 실행한 무자본 창업의 종류다.

- 콘텐츠 사업(1인 기업)
- 강의 판매(자신의 지식 판매)
- 녹화본 판매(영상 판매)
- 인세(작가, 음반)
- 블로그 포스팅(애드포스트 수익)
- 앱테크나 스마트 스토어

블로그 애드포스트 수익을 시작으로 창업의 영역을 하나씩 넓혀갔다. 실행해 보니 무자본 콘텐츠는 자본금이 없는 사람에게는 최고의 사업이다. 우리는 왜 무자본 콘텐츠 사업을 해야 할까? 혼자 할 수 있고 자본이 들지 않아서 잃을 게 없기 때문이다. 준비물은 노트북과 지식과 경험만 있으면 된다. 비대면이고 온라인으로 가볍게 들을 수도 있어서 수요층도 많다. 일반 창업은 장사가 안돼도 버텨야 하지만, 무자본 창업은 수입이 줄어들 뿐이지 망하진 않는다. 그렇다면 고객이 알고 싶은 건 무엇일까? 바로 눈높이에 맞는 강의다. 처음 정보를 찾는 왕초보에겐, 전문 강사보다 초보 강사의 사례가 담긴 진솔한 강의가 더 와 닿는다. 강의 내용은 내 이야기를 스토리텔링 형식으로 풀면 된다. 강사의 실제 사례는 고객에게 감동을 준다.

고객을 통해 얻을 수 있는 수익보다 중요한 본질은 사명에서 나온다. 사명에 초점을 맞추니 수익은 부가적으로 따라왔다. 나는 사장이라는 마인드로 시작하여 부자 매뉴얼이나 무자본 창업 멤버들에게 내가 가진 지식을 모두 공유했다. 나를 만나 강사가 되거나 무자본 창업으로 본인만의 콘텐츠를 만든 사람이 벌써 150명이 넘는다. 앞으로 콘텐츠를 발굴한 강사는 더 나올 것이다. 나는 무자본 창업 강사로 수강생이 수익을 낼 수 있도록 도와주며 고객과 함께 성장하고 있다. 혼자만 부자가 아닌 함께 부자가 되기 위해 꿈꾸고 노력하는 사람들과 함께 가고 있다. 이것이 나의 사명이다.

최고가 아니라면 최선으로

자신의 지식을 판매하는 강의도 돈을 버는 방법의 하나다. 무자본 창업으로 시작한 절약 식비 모임을 하면서 시간이 맞지 않아 함께 하지 못한 분들 대상으로 하루 특강을 진행해 부수입을 벌었다. 시작은 초보자를 위한 일주일 7만 원 살기 특강이었다. 절약하고 싶지만, 방법을 모르는 사람을 대상으로 모집했다. 처음에는 커피 한 잔 값만 받았다. 신청자가 폭주했다. 블로그 플랫폼으로 신청받고 줌으로 강의한 후 유튜브로 녹화본을 공유했다. 매달 특강을 열어 정기적으로 참여할 수 없는 분께 도움을 줬다. 노동 수입인 월급쟁이는 수입의 한계가 있지만, 확장성이 큰 지식창업 강의 수입은 한계가 없다. 온라인 강의는 100명, 200명 이상도 수업할 수 있다. 강의를 통해 한계가 없다는 걸 알게 됐다.

소자본 창업이 궁금한 분을 위해 무인카페 노하우를 하루 특강으로 공유했다. 24시간 운영하는 무인카페 시스템부터 홍보 및 관리까지 근로소득이 아닌 사업소득 시스템에 대해 알려드렸는데, 입지를 가장 궁금해하셨다. 이 또한 커피 한 잔의 가격이니 신청자가 많았다. 경험이 축적된 삶은 또 하나의 무기가 된다. 나만의 지식과 경험으로 부수입을 벌 기회다. 관심을 가지고 잘하는 게 있다면 재능 기부 강의로 먼저 해보는 것이 좋다. 공간임대를 운영한 후에는 이 또한 무인 창업과 함께 특강을 열어 부수입을 창출했다. 하루 특강을 할 때 네이버 폼으로 신청자를 받는다. 미리 질문을 받아놓으면 강의안을 만들 때 수월하다. 궁금했던 이야기로 강의안을 만들고 나누면 듣는이에게 도움이 된다.

강의 내용을 쉽게 전달하려면 심호흡과 발음이 중요하다. 매일 목소리를 녹음해 들어보자. 자신의 목소리와 친해지는 방법은 책을 낭독하는 것이다. 발음에도 도움이 된다. 강의 내용은 쉽게 말해야 하며 청중에 따라 내용이 달라야 한다. 발표를 잘하려면 주제 핵심을 잘 전달하면 된다. 한 문장으로 설명하는 연습이 필요하다. 글쓰기와 마찬가지로 말할 때도 단문이 필요하다. 짧게 말하기를 연습해야 한다. 무엇이든 길게 늘어지지 않는 것이 핵심이다. 예를 들면 '자 정리해 보죠. 방법은 3가지입니다'란 말로 시작하면 청중은 집중한다. 강의를 진솔하게 전달하면 팬이 생긴다. 한 명의 팬은 여러 사람을 불러온다. 내가 첫 강의를 마쳤을 때 진솔함이 전달되었는지 전국에서 찾아오셨다. 감동하여 응원차 온 분부터, 내게 궁금증이 생겨 온 분도 계셨다.

이렇게 강의를 시작하면 늘어나지 않는 수강자 수를 보며 괴로울 수도 있다. 하지만 누구나 1부터 시작한다. 유명 강사도 초보 시절이 있었다. 나는 그 시간을 줄이기 위해 콘텐츠를 가지고 강의하기 전부터, 그리고 강의할 때 끊임없이 닉네임을 노출했다. 속해 있는 커뮤니티에서도 끊임없이 댓글을 달고 소통했다. '꿈꾸는 서여사'라는 닉네임이 익숙해지도록 노력한 것이다. 이렇게 콘텐츠를 열기 전 브랜딩 작업을 시작해야 한다. 브랜딩이란 제품 또는 서비스에 대한 사람들의 인식에 영향을 주는 것이다. 제품이나 서비스가 좋아 고객의 마음속에 자리 잡는 방식이다. 1인 기업가에게 가장 중요한 것은 품목이 아니라 브랜드와 제품으로 기억되는 것이다. 여기에서 브랜드는 닉네임이고 제품은 지식창업이다. 닉네임은 쉽고 짧아야 사람들이 기억하기 좋다.

1인 기업인 콘텐츠 비즈니스에 어떤 도구가 필요할까? 작게 시작하는데 준비물이 거창할 필요는 없다. 노트북과 조명, 마이크만 있으면 된다. 나는 딸아이가 쓰던 노트북으로 시작했다. 다이소에 가면 5,000원짜리 조명을 판매한다. 3가지 색으로 조명이 나오는데, '줌'에서 내 얼굴을 환하게 밝혀준다. '줌' 사용에 필요한 마이크는 초보 유튜버가 사용하는 가성비 좋은 9,900원짜리 마이크였다. 녹음 기능도 있다. 콘텐츠는 장비가 중요하다는 말도 있지만, 장비만 가득하고 성공하지 못하는 사람도 부지기수다. 『타이탄의 도구들』의 저자, 팀 페리스는 '최고의 자리는 붐비지 않는다'라고 말한다. 원하는 자리에서 최고가 되는 것에 집중하면 어떨까?

　프로젝트를 진행하면서 부자 매뉴얼 수강생에게도 강의할 기회를 드린 적이 있다. 온라인이라 소규모 강의로 시작했다. 커피 한 잔의 가격이다 보니 '세금이 어려워? 언니한테 물어봐'란 세금 강의는 100명이 넘게 신청하였다. 어려운 세금 용어를 쉽게 풀어 설명했기에 수강생의 만족도도 높았다. '경매 뽀개기 왜 지금인가?'는 유쾌하게 강의한 덕에 바로 정규 모집이 마감되기도 했다. '한 번 배워 평생 써먹는 공모주' 강의도 인기가 많았다. 공모주에 관해 설명해 주고 계좌 개설부터 기초를 알려주니 신청 인원이 많았다. 모두 초보지만 돈을 받고 하기에 최선을 다해 강의한다. 이는 내 지식으로 벌어들이는 최고의 수입이다.

　돈 이야기만 인기가 많은 건 아니다. 독서로도 멋지게 하루 특강을 마친 회원이 있다. '나를 바꾸는 기적의 독서'라는 강의는 100일 동안 100권의 책을 읽고 매일 서평까지 썼던 노하우를 이야기했다. 본인만의 독서법으로 책을 읽으며 쉽게 서평 쓰는 법까지 풀어 주니 수강생들의 평가가 높았다. 평가가 좋은 강사들은 몸값이 올라간다. 커피 한 잔의 가격이 2만 원대로 올라가기도 한다. 수강생 중 예쁜 목소리를 가진 분이 있었다. 장점인 목소리로 책을 낭독하는 '달빛마을 낭독클럽'을 운영한다. 함께 모여 한 권의 책을 낭독하는 프로젝트다. 부자 매뉴얼 수강생 중 한 분은 우리나라 마케팅 1위 기업에서 근무한 경험으로 마케팅을 위한 브랜딩 글쓰기를 강의했다. 컨셉을 도출하는 방법에 관해 설명했다. 이제 막 1인 기업을 시작하고자 하는 이들에게 도움이 됐다. 나를 만나 강의하며 콘텐츠를 운영하는 사람들이 늘어났다. 하루 특강으로 하는 강의는 나만의 지식과 경험만 있다면 최고의 부수입이 된다.

누구나 돈이 되는 콘텐츠를 갖고 있다. 아직 모르겠다면 내가 잘하는 것, 좋아하는 것을 적어보자. 적다 보면 잘하고 좋아하는 게 겹치기도 한다. 그게 본인의 장점이다. 초보 강사의 첫발은 하루 특강이 시작이다. 처음부터 잘하는 이는 없다. 꿈을 실현하려면 무엇이든 행동해야 한다. 역량은 자신만이 키울 수 있다. 변화하고자 하는 의지가 있는 사람만이 성장하기에 하지 않겠다는 사람을 멘토가 억지로 끄집어낼 수 없는 일이다. 강의를 몇 번 경험하다 보면 초보 강사티를 벗어난다. 그만큼 노하우가 더 생기고 경험치가 쌓여 전문 강사 못지않게 강의할 수 있는 능력이 생긴다. 전문 강사가 아니기에 마음을 다해 강의하면 듣는이에게 공감받는다. 강의할 때는 누구나 떨리는 법이다. 강의자료를 만들고 발표하는 일은 설레기도 한다. 하루 특강 강사는 본인의 역량을 키워 콘텐츠를 확장한다. 하나의 생각이 아닌 가능성을 열어 영역을 넓혀 나간다. 정규강의를 한다든지 또 하나의 강의를 시작하거나 확장해 나가고 있다.

> 한 번뿐인 인생이다!
> 도전한다면 얼마든지 바꿀 수 있다.

도전하면 얼마든지 바꿀 수 있다

3년이 지나니 또 다른 꿈이 생겼다. 지금껏 도움을 주는 멘토로 살았다. 이제는 진정한 리더로 삶을 바꾸고 싶었다. 멘토가 '경험과 지식을 바탕으로 다른 사람을 지도하고 조언해주는 사람'이라면 리더는 '조직이나 단체에서 전체를 이끌어가는 위치에 있는 사람'을 말한다. 리더를 꿈꾼 건 나를 도와주는 사람들이 생기면서부터다.

마침, 내가 진행한 무자본 창업 수강생이며 『나는 사모님 말고 사장님이 되기로 했다』 저자인 소택언니가 나에게 부자 매뉴얼 리뉴얼을 제안했다.

"멘토님! 지금의 시스템으로는 부자 매뉴얼 멤버들이 더 이상 발전하기 힘들어요. 단계별로 시스템을 만들어 쭉쭉 성장하게 도와야 합니다"

1인 기업으로 두 분이 조장 역할을 하며 도와주고 있었기에 지금 만으로도 충분하다고 생각하고 있었다. 망설이고 있다가 어느 날 정신이 번쩍 들며 잠이 오지 않았다.

'나를 믿고 온 분들이 과연 얼마큼 성장했는가? 서여사! 너 혼자만 성장하고 있었구나'

바로 준비에 들어가서 1인 기업을 넘어 꿈꾸는 서여사 주식회사를 만들었다. 꿈꾸는 서여사로 회사명을 정한 건 닉네임이 브랜딩이 되었기 때문이다. 무자본 창업으로 차린 주식회사 꿈꾸는 서여사는 이제 1인 기업이 아니다. 나의 자리를 대신하고 나의 고민을 채워 줄 코치들이 필요했다. 지금은 국내 최고 기업인 포털사이트 네이버도 창단 멤버는 10명이었다고 한다. 우리의 시작도 미약하지만, 나중을 그 누가 장담할 수 있으랴.

동서양을 막론하고 잘 되는 회사의 요소로는 사람이 먼저다. 결이 같은 오지라퍼 7명이 모였다. 따뜻하게 댓글로 소통을 잘하는 사람, 도구 활용을 잘하는 사람, 아이디어 뱅크라고 불리는 사람, 기획력이 뛰어난 사람들과 창업으로 시동을 걸었다. '피곤할 땐 우루사! 꿈꾼다면 서여사!'라는 우리 회사만의 슬로건도 만들었다.

함께하는 7명의 코치들 모두 부자 매뉴얼에서 열심히 함께했던 멤버들이다. 고맙게도 나의 행동으로 선한 영향력을 받았다고 하는 이들이다. 이들과 함께 이야기할 때마다 나 역시 리더로 성장하고 싶다는 마음이 강하게 들었다. 열심히 하는 사람들에게 제2의 서여사가 될 수 있게 돕는 역할을 하고 싶다. 소중하지 않은 인생은 없다. 절박하고 안타까운 사연도 많다. 어떻게 이들을 도와줄 것인가? 빠르게 바뀌는 세상 속에 3년 전 내가 했던 방법은 이젠 통하지 않는다.

기존 부자 매뉴얼에서는 신입반과 연장반이란 이름으로 나누어 운영했다. 같은 시스템이 반복되니 지루해하는 회원들을 위해 새로운 변화가 필요했다. 새로운 부자 매뉴얼 로드맵을 만드는 게 먼저였다. 저렴한 비용으로 수준 높은 강의를 제공하고 원석이 보석이 될 수 있게 도와주는 길잡이 역할을 하는 것을 핵심으로 잡았다. 7명의 아이디어와 시너지로 완성되어 가는 로드맵은 대단하다. 순식간에 부자 매뉴얼 로드맵이 만들어졌다.

- 입문클래스 (전체리더, 마인드 코치)
- 성장클래스 (감성 조교, 재무 코치, 블로그 성장 코치)
- 도전클래스 (전체리더, 도전 코치)
- 프리미엄 클래스 (습관 조교, 강의 제공)

꿈꾸는 서여사의 부자 매뉴얼은 50대를 핵심 키워드로 삼아, 브랜드 정체성이 뚜렷하다. 브랜드 정체성엔 서비스는 물론 부자 매뉴얼의 철학이 담겨있다. 부자 매뉴얼은 40대~60대의 변화와 성장의 출발점이다. 부자가 되고자 하는 사람에게 기회가 있는 곳이기도 하다. 중, 장년이 자기 계발을 시작하는 본질적인 이유는 무엇일까? 노후가 불안하기에 생산자의 삶으로 전환하기 위해서다. 경제적 자유를 이루는 꿈을 가진 분들이 자기 뜻을 마음껏 펼칠 수 있는 발전소가 필요하다.

부자 매뉴얼을 리뉴얼하고 나서 무엇보다 회원들의 만족도가 높았다. 한번 입문반에 들어온 사람은 계속해서 다음 단계로 발전해나가면 아웃풋을 내기 시작했다. 거기에는 코치들의 역량이 큰 도움이 됐다. 나보다 더 인기 있고, 사랑받는 코치들도 있을 정도다. 그도 그럴 것이 그들 각자의 자리에서 정말 최선을 다해 회원들을 보살핀다. 때로는 격려하고 동기부여하고, 또 때로는 푸시하기도 하면서, 적절한 피드백을 주니 회원들이 지칠 틈이 없다. '함께하는 힘'이 이렇게나 무섭다.

나는 또 어떤가? 모든 걸 혼자 해야 한다는 부담감에서 조금은 벗어날 수 있었다. 내가 부족한 부분을 채워주는 능력 있는 코치들이 있으니 잘 모르는 것들은 그들에게 맡기면 된다. 내가 할 일은 그저 코치들의 능력을 잘 파악해서 적재적소에서 그녀들이 능력을 펼칠 수 있도록 배치하고 다독이는 리더의 역할만 하면 된다. 그 믿음대로 다들 어찌나 최선을 다하는지 모른다. 코치 중 한 분은 이제까지 전업주부만 하다가 처음으로 자기 돈을 벌어본다고 했다. 그것도 아이를 돌보며 재택근무를 할 수 있어서 더 좋다면서 나에게 감사 인사를 전한다. 그런 인사를 들을 때마다 덩달아 뭉클하다. 나의 꿈이 한 단계씩 실현되어 가고 있는 것 같기 때문이다.

물론, 코치들의 월급을 줘야 하니, 부자 매뉴얼로 들어오는 내 수입만 따지면 반 토막이 났다. 그래도 나는 더 기쁘기만 하다. 미래의 우리가 훨씬 더 잘될 거라는 자신이 있기 때문이다. 김미경 강사 역시 아주 초창기부터 직원과 함께 일을 했다고 한다. 별로 유명하지도 않을 때니 얼마 되지도 않는 수입을 나눠야 했지만, 덕분에 오히려 더 좋은 강의를 만드는 데 집중할 수 있었다. 나 역시 책 쓰기에 집중할 수 있었다. 내가 버는 돈을 내가 다 집으로 갖고 들어가면 오래 갈 수 없다는 김미경 강사의 말을 나도 이제 이해할 수 있다.

나는 단순히 콘텐츠 사업을 한다고 생각하지 않는다. 부자를 꿈꾸는 이들에게 제2의 서여사가 될 수 있도록 따뜻한 리더의 문화를 창출하는 사업이다. 부자 매뉴얼이라는 플랫폼에서 개인의 가치를 표현할 수 있도록 도움을 주는 역할을 하는 곳이다. 제2의 꿈꾸는 서여사로 복제될 수 있도록 단계별로 배우며 성장하는 매뉴얼이다. 함께 돈을 버는 시스템이다.

서여사의 따뜻한 문화를 부자 매뉴얼에서 많은 사람이 경험했으면 하는 바람이다. 내가 많은 이들의 성장을 도울 수 있었던 비결은 함께했기 때문이다. 진정한 조력자들과 꿈꾸는 사람들에게 희망을 줬다. 혼자 할 때는 할 수 없었던 것을 이들과 함께하니 더 많은 이들을 도울 수 있었다. 한 번뿐인 인생이다! 도전한다면 얼마든지 바꿀 수 있다.

"

장점은 누구에게나 있다.
'없다'라고 생각한다면 아직 발견하지 못했을 뿐이다.
나를 인정하는 것부터가 브랜딩의 시작이다.

"

나를 인정하는 것이 브랜딩의 시작

부자 매뉴얼을 운영하면서 1:1 코칭을 하고 있다. 수강생 중 원하는 사람은 누구나 신청할 수 있다. 코칭할 때는 뭘 하고 싶은지를 가장 먼저 질문한다. 잘하는 게 무엇인지, 부자 매뉴얼에서 무엇을 배우고 싶은지를 먼저 물어봤다.

"재테크를 하고 싶은데 어떻게 해야 할지 모르겠어요"
"독서를 해도 변하지 않아요"
"콘텐츠를 하고 싶은데 잘하는 게 없어요"
"저도 서여사님처럼 부자가 되고 싶어요"

대부분이 비슷한 고민을 한다. 수강생을 한 분씩 자세히 들여다보면 본인만이 가지고 있는 강점이 있다. 하지만 대부분 자신의 강점을 모른 채 살아간다. 3년 이상을 배움에 집중하고 소비자 삶으로만 사는 수강생을 보면 안타깝다. 두 시간 정도 고민을 듣다 보면 인풋을 오래 한 경우 바로 콘텐츠로 이어지기도 한다. 막 자기 계발을 시작했다면 하고 싶은 일을 토대로 블로그 쓰기와 소통하는 것부터 시작하라고 알려주었다. 사람들은 자신을 드러내기와 소통을 가장 어려워한다.

코칭을 하면 해결책부터 주기보다 나의 이야기를 먼저 했다. 살아온 인생이 56년이다 보니 여러 가지 경험치들이 있다. 내 경험이 해결책이 되기도 했다. 미술학원을 운영하며 상담으로 소통한 경험은 인간관계에 도움이 되었다. 이 역시 나의 강점을 내가 경험으로 찾아낸 것이다. 코칭 후에는 메신저로 감사 메시지가 온다.

"멘토님! 저의 강점을 발견해 주셔서 감사해요. 작년부터 오늘까지 저를 여러 번 살려주시네요. 얼마 전까지 부동산 강의를 비롯해 새로 접하는 분야를 공부하면서 자존감이 바닥이었어요. 저의 부족한 점을 꽉 채워주시고 성장시켜 설레는 내일을 만들어 주셔서 감사합니다"

"멘토님과 코칭은 기대 이상이었습니다. 정리되지 않은 삶을 시원하게 정리해 주셨어요. 목적 없이 인풋만 하던 저에게 아웃풋 할 방법과 용기를 주셨어요. 무엇을 해야 할지 몰랐는데 이제 알게 되었습니다. 저도 꿈꿀 수 있게 해주셔서 감사합니다"

"오늘 1:1 줌 미팅하면서 머릿속에서만 있던 여러 가지 생각들이 '될까?'라는 망설임에서 "된다"라는 명확한 방안들로 전환하게 된 계기가 되었습니다. 서여사님, 감사합니다"

장점은 누구에게나 있다. '없다'라고 생각한다면 아직 발견하지 못했을 뿐이다. 다른 이에게 내 장. 단점이 무엇인지 물어보자. 단점도 관점을 바꾸면 장점이 된다. 소심한 성격이 단점이라 생각이 든다면 소심함이 아니라 신중하다고 전환하면 장점이 될 수 있다. 코칭 후에 자기만의 강점을 찾아간다.

부자 매뉴얼을 시스템화한 후에는 코칭을 유료로 전환했지만, 구체적으로 밀착 코칭을 하니 만족도는 더 높았다. 오랜 인풋에 할 줄 아는 일이 많아 무엇부터 시작할지 고민된다는 분에게는 가장 좋아하는 일로 하루 특강을 해보라고 코칭했다. 실행력이 빠른 덕에 5일 후 특강 모집 글을 블로그에 올렸고, 강의를 멋지게 해냈다. 할 수 있다고 믿으니 해내는 힘이 생겼다. 가장 재미있게 실행했던 걸 찾으면 그것이 나에게 돈을 벌어다 주기도 한다.

콘텐츠로 브랜딩을 하고 싶다면 하고 싶은 분야의 독서를 전략적으로 읽어야 한다. 10권 이상 읽고 블로그에 기록하다 보면 내가 하고자 하는 일을 쉽게 찾는다. 브랜딩은 단기간에 할 수 있는 일이 아니다. 브랜딩이 되고자 한다면 내가 누구인지 무엇을 하는 사람인지 알리는 일이 먼저다. 사람들에게 인정받고 싶다면 나 자신을 먼저 할 수 있는 사람이라고 인정하는 것이 중요하다. 블로그에 내 소개나 나를 드러내는 일을 하지 않고 퍼스널 브랜딩이 될 수 없다. 나를 인정하는 것부터가 브랜딩의 시작이다. 내 지식을 알리는 수단으로 SNS를 활용해야 한다. 커피 한 잔 가격으로 시작한 하루 특강을 끝냈다고 바로 브랜딩이 되지 않는다. 수강생이 내게 관심을 두게 하려면 끊임없이 배우고 알려야 한다.

대부분의 회원들이 나를 좋아하는 이유를 '편안함' 때문이라고 말한다. 베스트셀러 책을 내고 여러 방송에 출연한 덕에 닉네임이 알려졌지만, 막상 만나고 나면 그냥 동네 아줌마랑 다르지 않으니 오히려 본인들이 당황할 정도다. 옷도 매번 똑같이 입고 나타나서 오죽하면 옷 좀 사라고 성화이기도 하다. 나는 이런 내 모습을 인정하기로 했다. 이게 바로 '꿈꾸는 서여사'의 모습이며 나의 브랜딩이다.

나를 만나고 싶다는 사람이 있으면 어떻게든 만나고, 멀리 있어서 힘들다면 내가 조금 움직여서 더 가까운 곳으로 찾아가기도 한다. 이야기를 나누다 보면 정해진 2시간보다 훌쩍 넘기는 때도 많다. 가끔은 멘토가 너무 쉬운 거 아니냐고 타박도 듣지만, 조금 쉬운 사람이 되면 어떤가. 직접 얼굴을 보고 만나서 편하게 얘기하는 것은 나의 매력이고, 진정한 도움을 줄 수 있는 방법이다. 앞이 보이지 않았는데 할 수 있다는 자신감이 생겼다며 웃으며 돌아가는 뒷모습을 보면 3년 전 내 모습 같아 눈시울이 붉어진다.

조금 유명해졌다고 잘 나간다고 해도 나의 이런 정체성은 변하지 않을 것 같다. 그럴 위인이 못 되는 나를 인정하기로 했다. 그래서 나는 그렇게 처음 보는 사이지만 오랜 친구처럼, 동네 언니처럼 편안한 멘토로 나를 브랜딩했다. 당신의 모습을 인정하고, 그 안에서 나만의 브랜딩을 찾길 바란다.

2장

성장 구간,
내 수익을 바꾸는 건 정성입니다.
— 시간과 정성으로 만드는 단골 브랜딩

"

무인 카페를 창업해야 할 사람은 누구일까?

월급 외 추가 수입을 원하는 사람이다.

"

24시간 동안 일하는 돈나무?

무인카페의 목적은 우리 가족을 위해서였다. 50대 중반이 넘은 내가 '언제까지 일할 수 있을까'라는 불안감에 월세 같은 파이프라인을 만들고 싶었다. 또 30년 동안 고된 직장 생활을 이어 온 남편을 위해서였다. 더 이상 힘들게 일하지 않으면 좋겠다는 생각과 함께, 남편의 빠른 은퇴를 위해 일하지 않아도 열매가 열리는 돈나무를 만들고 싶었다.

첫 책 출간 후 무자본 창업 강사로 내 몸값은 올라갔다. 하지만 언제까지 내 지식 자본으로 돈을 벌 수 있을까? 지금은 부자 매뉴얼이나 무자본 창업 콘텐츠 등을 운영하지만, 영원한 것은 없다. 무언가 다른 도전을 해야 했다. 파이프라인 중 콘텐츠나 강의가 근로소득이라면 이젠 사업소득을 만들고 싶어졌다. 꾸준하게 들어오는 현금흐름이 필요했다. 어떤 무인 창업 강의에서 소자본으로 월급만큼 벌 수 있다는 말을 듣고 귀가 번쩍 띄었다. 관심을 가졌더니 주변에 무인 창업으로 운영하는 곳이 눈에 띄게 많이 보였다. 최근 많이 선호하는 창업 형태라 그날 저녁 남편, 딸 부부와 의논했다. 사는 동네에서 무인카페를 해보기로 했다. 매달 200만 원 이상 월급만큼 들어오는 돈나무다. 무인카페를 창업해야 할 사람은 누구일까? 월급 외 추가 수입을 원하는 사람이다.

여러분도 무인 창업, 무인점포가 주위에 조금씩 늘어나는 것을 느꼈을 것이다. 그만큼 최근 주목받는 창업 아이템 중 하나가 무인카페다. 소자본이 들어가는 무인카페의 공통점은 무엇일까? 우선 진입장벽이 낮다. 누구나 소자본 4,000만~8,000만 원만 있으면 창업할 수 있다. 하지만 진입장벽이 낮기에 경쟁이 치열하다. 예쁜 카페를 운영하고 싶은 로망이 있는 사람들이 많기에 경쟁자가 우후죽순 생겨날 수 있다.

그렇다고 아예 희망이 없는 것도 아니다. 잘 생각해보면 예전부터 자판기 커피를 판매해왔다. 지하철역이나 공원에도 자판기가 있었다는 걸 기억할 것이다. 커피 수요는 계속 늘어나는 한편 가성비가 좋기에 무인카페는 반짝 뜨고 사라질 유행이 아니라고 판단했다. 메뉴가 다양하고 내가 원하는 대로 메뉴도 바꿀 수 있는 것도 무인카페의 장점이다. 그렇게 2년 넘게 여러 가지 온라인 콘텐츠를 운영하며 모은 종잣돈으로 제대로 된 돈나무를 심기로 했다.

나에겐 저지르는 유전자가 있다. 어느 정도 마음의 결심을 하고 다꿈스쿨 커뮤니티에서 조장으로 있을 때 무인카페를 하던 조원에게 바로 연락했다. 정말 나도 무인 창업을 할 수 있을까 궁금했다. 오산 지역에서 1년 6개월 동안 운영한 점주의 생생한 조언을 듣고 가맹점 대표님을 찾아갔다. 프랜차이즈와 개인 점포 중 정답은 없다. 개인 창업은 무엇이든 혼자 알아봐야 하는 번거로움이 있지만, 창업비용은 절감된다. 나는 진솔하게 상담해 주시는 대표님을 믿고 프랜차이즈 창업을 결정했다.

무인점포는 종류에 따라 창업비용이 다양하다.

창업비용 1억 원 이상	공유 오피스, 스터디카페, 렌탈 스튜디오
창업비용 1억 원 미만	무인카페, 빨래방, 공유 창고, 노래방
창업비용 5,000만 원 미만	연습실, 아이스크림

이처럼 창업비용도 다르고 수익률도 다르다. 무인 아이스크림점을 운영하는 지인은 창업비용이 적은 대신 수익금이 100만 원 정도라고 한다. 카페는 상가 입지만 잘 고르면 이보다는 수익률이 높을 것이라는 예감이 들었다. 좋아하는 커피도 마시며 누군가를 만날 수 있는 공간도 필요했기에 무인카페를 택했다. 카페 운영을 원하는 딸 부부와 반반 나눠 3,000만 원씩 투자했다.

지금 무인 창업 시장은 포화 상태다. 그런데도 틈새를 찾으면 얼마든지 창업할 수 있다. "스타벅스를 이기지 못한다면 카페 차릴 생각하지 말라"는 말이 있다. 카페로 돈을 벌기는 쉽지 않다는 걸 말해 준다. 1년 이내에 문 닫는 곳도 많다. 무인점포를 운영하며 동네 최고의 점포를 만들겠다는 생각은 버렸다.

내가 무인카페를 창업한 이유는 추가 수입을 만들고 싶어서였다. 그렇다면 현재 무인카페에서 얻는 소득은 얼마일까?

먼저 한 달간의 지출을 생각해보자. 24시간 냉난방기가 돌아가니 겨울엔 관리비가 제법 나온다. 내 경우에는 15만~33만 원 정도였고, 대부분이 전기세와 난방비다. 임대료와 관리비를 합쳐 최대 85만 원 정도다. 카페에서 나오는 수입이 적거나 100만 원 이상 고정비가 나간다면 적자가 될 수 있다. 하루에 몇 잔을 판매해야 하는지 반드시 계산해봐야 한다.

아무리 원둣값이 올라도 커피 장사는 남는다. 커피 판매의 마진율은 낮게는 50%부터 최대 70%까지 굉장히 높은 편이다. 내가 택한 가맹점 마진율은 50%~55%다. 다른 조건이 다 같다는 전제하에 유인 매장과 무인 매장을 비교해보면, 무인 매장 수익률이 좀 더 높다는 것을 알 수 있다. 매출이 높지 않아도 인건비 지출이 없기에 가능하다. 똑같이 무인 매장이라면 수익률에 가장 중요한 영향을 미치는 것은 역시나 임대료다. 아래 예시에서는 임대료가 70만 원이다. 월 임대료가 100만 원이 넘거나 권리금이 1,000만 원이 넘는다면 운영하기가 어려워진다. 내 카페는 임대료가 50만 원으로 저렴했기에 5개월도 안 되는 시점에서 이미 1,000만 원 이상 순수익이 발생했다. 하루 한 시간 투자로 내가 잠을 자는 동안에도 이 정도 수익을 올리는 파이프라인을 만들 수 있다면 이보다 멋진 일은 없을 것이다.

	(A) 총 매출 600만원 평균 단가 3000원 하루 70잔 판매	(B) 총 매출 460만원 평균 단가 2,200원 하루 70잔 판매
	유인 매장	무인 매장
임대료	70만	70만
관리비지출 (전기,수도, 인터넷 등)	20만	20만
재료 지출	180만	180만
인건비 지출	(오전 알바 1인) 최저시급 9,160원 x 한주 48시간 최소 1,758,720 원	0 원
창업주 매장 업무 시간	알바 타임 출근 안할 시 최소 5시간 이상	30분 ~ 1시간
총 지출	4,458,720 원	2,700,000 원
순 수익	1,541,280 원	1,900,000 원

    무인카페에서 평균 70잔 이상 나간다면 아주 괜찮은 매출이다. 내가 운영하는 곳은 평일 평균 60잔 이상 나가고 주말에는 100잔 이상 나가니 월평균 70잔 이상이 팔린다. 게다가 임대료 50만 원은 절대 망하지 않는 금액이다. 똑같은 레드오션으로 보이는 무인카페도 선택에 따라 다른 결과를 낳을 수 있다. 성공적으로 무인카페를 운영할 수 있었던 자세한 이야기를 단계적으로 풀어보겠다.

> 무인 카페와 일반 카페는 창업 조건이 다르다.
> 입지가 완전히 다르다고 생각하면 된다.

2

무조건 입지다

　창업하려고 마음먹은 후 상가 임장을 다녔다. 입지가 중요한 건 비단 아파트 투자만이 아니다. 상가 입지는 더 중요하다. 무인카페와 일반 카페는 창업 조건이 달라 입지를 보는 기준도 달라야 한다. 일반 카페는 대로변 유동 인구가 많은 곳이 좋다. 무인카페의 입지는 어디가 좋을까? 무인카페는 아메리카노 한 잔이 1,500원 정도로 저렴하기에 브랜드 커피를 찾는 사람들 수요와 다르다. 황금 상권인 브랜드 카페와 경쟁할 수 없기에 보증금과 임대료가 저렴해야 한다. 다른 이들이 좋다고 생각하는 상권은 당연히 비싸다.

　무인카페는 좋은 자리보다 적당히 애매한 자리에 들어가야 한다. 커피를 좋아하는 수요가 있는 곳을 찾아야 했다. 상가는 겉모습만 보면 안 된다. 상가는 무조건 입지가 다라고 말해도 과언이 아니다. 아파트 단지의 무인카페 옆자리에 편의점이나 무인 아이스크림점이 있다면 최고의 입지다. 두 점포가 함께 밤새 불 켜고 운영하기에 홍보 효과도 크다.

새 아파트 상가보다 오래된 단지 내 상가가 좋다. 왜일까? 신축 상가는 임대료가 최소 150만 원부터 시작한다. 전국의 많은 무인카페 브랜드 가맹점을 보면 큰 대로변보다 단지 내 또는 주택단지에 들어가 있는 것을 볼 수 있다. 유동 인구가 넘쳐나는 곳보다 주거인구가 적당한 곳을 선호하는 것이다.

단순히 임대료 때문만은 아니다. 높은 매출을 차지하는 매장은 신규 고객의 유입보다 고정 고객의 비율이 높다. 단지 내에 창업한다면 단골이 늘어날 확률이 높다고 말할 수 있다. 같은 시간 같은 패턴으로 매장을 이용하는 고객이 늘어나는 것이 중요하다. 주요 고객이 누구일까 파악하는 것은 더 중요하다. 쉽게 말해 슬세권슬리퍼 신고 갈 수 있는 거리, 동네 슈퍼나 편의점 같은 상권이 좋다. 무인카페도 언제든지 커피가 먹고 싶을 때 갈 수 있는 거리에 있어야 하기 때문이다.

무인카페를 하기로 마음먹고 유튜브를 찾아보았다. 앞서 창업한 분의 사례를 보니 공통으로 말하는 현실은 한 달 순수익으로 100만 원 이상은 어렵다고 했다. 무인카페의 고정 비용을 줄이려면 월세나 권리금이 없는 곳을 찾아야 한다. 인건비가 나가지 않는 걸 장점으로 생각하고 월세 70만 원 아래로 정하기로 했다. 내가 보는 무인카페 상가의 기준이다.

첫 번째. 오래된 아파트 단지
두 번째. 임대료는 무조건 저렴할 것
세 번째. 권리금 없는 상가
네 번째. 집에서 10분 이내 거리

가맹 계약과 동시에 당일부터 상가를 보러 다녔다. 평수는 10평 이내, 집에서 걸어서 1시간 내, 월세 70만 원을 마지노선으로 정하고 권리금 없는 곳을 찾아 발품을 팔았다. 분당, 용인 수지까지 지역을 정해서 동별로 상가를 보러 다녔다. 또 오전, 오후 시간대나 요일별로 유동 인구를 조사해 보았다. 때론 혼자 가고 때론 가족과 함께 임장을 다녔다. 맘에 드는 상가는 역시 없었다. 입지가 좋으면 비싸고, 임대료가 저렴하면 문제 있는 상가였다. 그러다 딱 한 군데, 집에서 10분 거리에 원하는 상가가 매물로 나왔다. 보증금 1,000만 원, 월세 50만 원. 권리금은 없단다. 유레카! 당장 부동산 소장님께 달려갔다.

"소장님, 무인카페 자리 찾고 있어요. 여기 계약할게요."
"여기 카페는 안 됩니다. 옆 가게가 디저트 카페라서 안 돼요"
"네? 옆에 테이블도 없는데 카페 맞아요?"

"커피도 팔고 마카롱과 빵을 판매합니다."

원하는 매물을 찾았지만, 부동산에서 거절당했다. 이미 상가 50 군데를 본 상태였다. 여기만큼 좋은 입지가 없기에 용기 내 다른 부동산 소장님께 여쭤봤다. 동종업계는 안 된다며 역시 두 번째도 거절당했다. 50여 곳을 봤지만 여기만큼 좋은 자리가 없었다. 무인카페는 집과 거리가 무조건 가까워야 한다. 하루 30분~1시간 동안 매장을 관리해야 하기에 차로 30분 이상 거리는 피하는 게 좋다. 커피를 쏟았다거나 급하게 물건을 채우는 경우가 발생하므로 걸어서 15분 이내의 거리가 가장 좋다.

밑져야 본전이라고 생각하고 매일 저녁 상가 앞에서 눈을 감고 무인카페를 오픈해 손님이 커피를 마시고 있는 장면을 상상했다. 15일 정도 지났을 때 경비 아저씨가 왜 빈 상가 앞에서 기도하고 있냐고 물으셨다. 경비 아저씨는 내가 기도하는 줄 아셨나 보다. 그렇게 15일이 흘렀다. 이번이 마지막이라 생각하고 또 다른 부동산 소장님께 조심스레 문의했다.

"소장님! 제가 무인카페를 하려고 하는데 옆에 디저트 카페가 있어서 안 되겠죠?"
"왜 안 돼요? 제가 옆 가게랑 친한데 물어봐 드릴게요"

"정말이요? 지금 물어봐 주세요"

의외의 대답을 들은 나는 될 수도 있겠다는 생각에 가슴이 쿵쾅거렸다. 잠시 후 소장님이 "디저트만 판매하지 않으면 된대요."라고 말씀하셨다. 기적이 일어났다. 그날 바로 계약했다. 집에서 10분 거리에 있는 상가를 찾아 포기하지 않고 꾸준히 들이댄 결과였다.

내가 찾은 입지는 단지 내 세대수가 700세대 이상이고, 바로 옆 단지는 800세대가 넘는다. 옆 단지와 연결되어 있고 왼쪽에 중형 정형외과가 있다. 병원 지하에 카페가 있지만, 문제 되지 않았다. 가까운 거리에 스타벅스도 있지만, 가격대가 다르니 찾는 수요가 다르다. 그 외는 주변에 카페가 없었다. 앞으로 들어올 카페 자리도 없다는 건 최고의 입지다. 아파트와 달리 상가는 역에서 멀어도 괜찮다. 항아리 상권이라고 들어봤을 것이다. 멀리 나가지 않아도 해결되는 곳이 입지로는 최고다. 그동안 꾸준히 했던 부동산 공부가 상가 입지 분석에 도움이 되었다 무인은 독특한 경쟁력이 필요하다.
브랜드나 개인 카페에서 찾을 수 없는
차별성이 있어야 한다.

나만의 기계 바리스타

상가는 기준에 맞게 잘 찾았는데 이번엔 창업비용이 만만치 않았다. 최소한의 비용으로 창업하고 싶었다. 딸 부부와 동업이 아닌가? 자녀와 함께 투자하기에 잃지 않아야 했다. 어렵게 찾은 상가는 실평수 6평 기준에 상가 보증금 1,000만 원을 포함해서 비용은 모두 5,800만 원이 들었다. 커피 머신 및 인테리어 비용으로 3,800만 원, 추가 비용이 1,000만 원 + @가 들어갔다. 가장 큰 비용은 커피 머신이다. 부가세를 포함해 2,420만 원이 들었다. 그 외 인테리어 비용이 평당 130만 원이었고, 간판과 냉난방기, CCTV 비용을 별도로 지급했다. 또 바로 영업할 수 있는 초도물량도 필요했다. 이런 소소한 물품을 산 비용까지 5,800만 원이 들었다. 가성비가 좋다고 덜컥 무인 카페를 차리면 안 된다. 내 돈이 들어가는 사업이다.

무인카페에 관심이 가자 계속 눈이 들어오기 시작했다. 10곳 이상의 무인카페를 다니며 입지와 카페 내부 분위기, 커피 맛 등을 테스트했다. 나는 프랜차이즈를 선택했지만, 무인카페의 경우 아직 이렇다 할 유명 브랜드가 있지 않다. 게다가 유명하다고 소비자가 다 선호하는 것은 아니다. 창업비용도 가맹점마다 다르기에 무인카페를 하고자 하는 분은 적어도 세 군데 이상 비교해야 한다. 내가 창업하기로 한 무인카페는 전국에 30여 개 정도 되는 신생 브랜드다. 이름만 들으면 알 수 있는 무인카페도 많았지만, 대표님의 트랜디한 생각이 맘에 들어 이 브랜드를 택했다.

나는 입지도 중요하지만, 커피 맛 또한 매출에 큰 영향을 미친다고 생각했다. 가맹점을 계약하기 전 사는 곳에 있는 무인카페를 먼저 가보았다. 아파트 후문에 있었고 분위기가 좋은 곳은 아니었다. 입지적인 면만 따지자면 그다지 성공적인 케이스는 아니었다. 막상 커피를 뽑아 마셔보니 맛은 좋았다. 커피 맛이 좋아서일까? 지나갈 때마다 손님이 있었다. 입지의 불완전성을 커피 맛이 보완하고 있던 것이다.

손님들 입장에서 커피 맛이 중요한 만큼 24시간 매장을 운영해 줄 성실하고 능력 있는 커피 머신을 선택하는 게 중요했다. 무인카페의 바리스타는 커피 머신이기 때문이다. 머신이 연한 커피, 진한 커피를 분리해 내려주고 음료도 판매하는 무인카페의 바리스타이기 때문이다. 입지를 고민하는 만큼 커피 머신 역시 신중하게 골라야 했다.

모든 무인카페의 커피 머신은 똑같지 않다. 고속도로 휴게소 가면 로봇이 내려주는 곳도 있다. 가맹점마다 사용하는 커피 머신도 다르다. 다르기에 자신이 원하는 것으로 잘 선택하면 된다. 나는 흔히 말하는 일체형 머신과 분리형 머신 두 종류 가운데 분리형을 선택했다. 일체형보다 분리형이 고장이 덜 나는 것이 중요한 요인이었다. 분리형 머신의 또 다른 장점은 고객의 느낌이다. 일체형과 분리형에서 커피가 나오는 시간은 똑같이 1분이지만, 분리형보다 일체형에서는 커피가 나오는 시간이 길게 느껴진다. 일체형은 한 번에 모든 과정이 이루어지기 때문에 마냥 기다리고 있어서 그런 착각을 하게 된다. 반면 분리형은 같은 1분인데 컵을 꺼내고 얼음을 받고 음료를 받아야 하기에 시간이 짧은 듯 느껴진다. 세부적으로는 파우더 머신, 액상형 머신 등으로 디자인부터 이용 방식까지 종류가 다양하지만, 나는 보관이 양호한 파우더를 선택했다.

이런 다양한 요인들을 고려해, 최종적으로 대기업 제휴 시스템과 동구전자의 커피 머신을 선택했다. 내가 없는 시간에 안정적으로 고장 없이 운영해야만 진정한 무인 창업이다. 모든 기계는 고장이 없을 수는 없지만, 최소한 오류가 적고 AS가 빠른 브랜드와 제조사를 선택하는 것이 중요하다고 생각했기 때문이다.

자영업을 할 때 사장님들이 골치 썩는 이유가 의외로 직원 문제라는 이야기를 많이 들었다. 열 사람 몫을 톡톡히 해내야 할 커피 머신인 만큼 부디 신중하게 선택해서, '무인'의 장점을 실컷 누려보길 바란다.

"

오픈까지 필요한 시간은 한 달,

이 기간 안에 처리해야 할 여러 가지 일이 있었다.

"

창업 전 점검해야 하는 것

월세 50만 원인 상가를 찾았을 때 무엇을 해도 망하지 않을 거란 확신이 들었다. 이제 무인카페를 시작하기 위한 과정을 알아보자. 가장 먼저 내가 고른 상가의 조건을 본사에 알리면, 본사에서 오픈에 필요한 기간과 실평수에 맞춘 실내 인테리어 도면을 보내준다. 사실, 원래 내가 원했던 도면과 공간이 따로 있었다. 10평 중에서 2평을 업무용 사무실처럼 꾸미고 공간을 분리해 나만의 공간을 가지고 싶었다. 하지만 10평 상가에 업무용 사무실을 만들기 힘들어 보내온 도면에 맞춰 진행하기로 했다. 오픈까지 필요한 시간은 한 달이었고, 이 기간 안에 처리해야 할 여러 가지 일이 있었다.

- 가맹점 정하기
- 상가 계약
- 보건증 만들기(보건소, 병원)
- 자판기 교육 이수(수료증)

- 영업 신고증 발급(구청)
- 사업자 등록증 신청(세무소)
- 카드 가맹점 서류작성

상가 계약을 했다면 점주가 해야 할 일은 보건증부터 만드는 것
이다. 보건소는 다양한 업무로 바빠 병원에서 발급받는 것이 빠르다.
대신 보건소는 비용이 들지 않지만, 병원은 2만 원이라는 비용 차이
가 있다. 나는 수지구 담당 보건소를 찾아갔다.

다음으로는 자판기 교육을 이수해야 한다. 그 당시에는 코로나
때문에 온라인으로 4시간 교육을 받았지만, 2022년 10월 이후 무조
건 오프라인으로만 이수할 수 있다. 해당 지역이 아니더라도 가까운
지역 어디에서나 교육받을 수 있다. 준비물은 교육비 2만 원, 신분증,
식품위생관리 책임자 지정확인서가 필요하다. 교육 후 5문항 중 3문
항을 맞추면 시험에 통과해서 수료증이 나온다. 문제는 어렵지 않기
에 걱정할 필요가 없다.

보건증이 나오면 사는 지역 구청에 가서 영업 신고증을 발급받
아 관할 세무서에서 사업자 등록증을 신청하자. 법인사업자로도 무
인카페를 운영할 수 있다. 가지고 있는 법인에 업태 하나만 추가하면
된다. 처음 사업자를 등록하게 되면 일반과세/간이과세 중 한 가지

를 선택해야 한다.

나는 간이 사업자를 냈다. 간이 사업자와 일반 사업자의 차이점은 매출 금액 기준이다. 연 매출 8천만 원 이상이면 일반 사업자로 등록하면 된다. 간이 사업자는 연 매출 8천만 원 미만이다. 부가세 신고는 일반 사업자는 1년에 2번, 간이 사업자는 1년에 1번 한다. 일반 사업자는 매입 세액이 큰 경우 부가세 환급이 가능하지만, 간이 사업자는 부가세 환급이 불가하다.

사업자 등록증을 발급받으면 바로 카드사 가맹점 서류를 작성해야 한다. 무인카페는 카드만 사용할 수 있어서 도난 우려가 없다. 티머니부터 모든 카드를 다 사용할 수 있다. 가맹점에서 카드사 서류를 보내준다. 이때 기간은 2주 정도 걸렸다. 그 사이 인테리어가 완성될 것이다.

오픈까지 걸리는 시간은 가맹 후 한 달 정도라고 생각하자. 물론 모든 일이, 아무런 문제 없이 척척 진행되지 않는다. 크고 작은 문제들이 발생해서 가끔은 흔히 말하는 멘붕 상태에 놓이기도 하지만, 나의 돈나무를 심는 중요하고도 설레는 일 아닌가. 혹시 모를 문제가 생겨도 즐거운 마음으로 해결해 나가면서 영업을 준비하길 바란다.

"

손님들 입장에서 생각해보자.
사람들이 카페를 방문할 때 무엇을 중요시할까?
바로 분위기다.

"

매력적인 카페를 만드는 요소

인테리어를 하기 전 다른 가맹점 인테리어를 보러 다녔을 땐, 전체적으로 하얀 콘셉트인 여성이 좋아하는 예쁜 카페가 많았다. 원목으로 고급스럽게 해놓은 곳은 비용이 많이 들었다. 무인카페라고 해서 인테리어에 투자할 필요가 없다고 하는 의견이 있는데 이는 점주의 입장이다. 손님들 입장에서 생각해보자. 사람들이 카페를 방문할 때 무엇을 중요시할까? 바로 분위기다. 늘 같은 메뉴인 카페에서 재방문율을 높이려면 분위기와 인테리어에 신경을 써야 했다. 지금 운영하는 가맹점을 택한 이유 중 하나도 트렌디한 인테리어가 마음에 들어서다. 나의 카페만의 차별화된 장점을 만들고 싶었다.

8월 무더운 여름날 공사를 시작했다. 아파트 인테리어 공사는 여러 번 해보았지만, 상가 인테리어 경험이 없기에 공사비용이 적당한지 알 수가 없었다. 가맹점 진행이라 믿고 맡기기로 했다. 공사는 평당 130만 원으로 진행했다. 좁은 공간이라 천장을 높여 넓어 보일 수 있도록 천장 철거부터 시작했다.

문제없는 사업은 없듯이 하루는 냉난방기 설치에 문제가 생겼다. 서비스 업체가 아닌 개인 업체에 맡겼더니 관을 아무렇게나 설치해 놨다. 대표님과 상의해 다시 배관과 실외기를 옥상으로 올렸다. 비용이 100만 원이 더 나왔다. 대표님이 미안하다며 비용을 깎아 주셨다. 간판과 CCTV도 설치하고 커피 머신까지 매장 안으로 들어오자 제법 카페 같은 느낌이 났다. 탁자와 의자는 가구점을 운영하는 남편 친구에게 구매했다. 그 후 공사는 순조롭게 진행되었다.

마무리 공사를 하던 9월 초, 한 남자 손님이 들어오며 영업 중인지 물어 왔다. 아직 시험 가동 중이었지만, 해보시라고 하니 진짜 커피가 나왔다. '어, 진짜 되네!'라고 신기해하며 내 카드로 음료를 결제하니 음료가 나오지 않아서 당황한 기억이 있다. 나중에 알았지만, 점주 카드로는 작동이 안 된다고 한다. 그날 저녁 29,000원의 매출이 이루어졌다. 아직 본격적인 영업을 시작하기도 전인데 매출이 발생한 것이다. 좋은 신호탄이다.

다음 날은 탁자와 의자가 들어오는 날이었다. 앉을 공간이 있어서인지 이날 매출은 98,000원을 찍었다. 바로 다음 날은 추석 연휴였고, 인테리어는 막바지에 이르렀다. 공사를 마치고 나니 무인카페 최초로 힙하고 감각적인 콘셉트가 만들어졌다. 카페인 듯, 아닌 듯 미술 감각이 돋보였다. 우리 무인카페의 시그니처인 강아지와 고양이 그림은 포토존으로 활용됐다.

공사를 가맹점에 맡기니 단점도 있었다. 작은 공간이라 바닥을 밝은 톤으로 했는데 비가 오거나 눈이 오면 난감하다. 무인카페가 집과 가까우니 자주 와서 닦아주는 방법밖에 없다. 카페 안에 거울을 달았다. 좁은 공간이 더 넓어 보인다. 작은 공간은 밝은색과 높은 천장이어야 조금이나마 넓어 보이는 효과가 있다.

카페를 오픈하고 손님이 있어야 할 수 있는 인테리어도 있다. 바로 방명록이다. 우리 카페 안에는 방명록이 있어 고객들이 커피 맛에 대한 평과 다녀간 느낌을 적어 준다. 말하자면 고객과 함께 만드는 인테리어인 셈이다. 카페 홍보는 덤이다. 이 중 재미있는 방명록을 소개해보겠다.

'부부 싸움하면 여기 와서 마음 달래고 가야겠어요. 깔끔하고 심플해요'
'공부하기 좋고 무인카페 중 TOP1입니다'
'처음 와 봤는데 집 앞에 카페가 생겨서 좋아요. 24시간 영업이라 언제든지 올 수 있어서요'

'카페인 러쉬 최고! 커피 최고!'

가끔은 초등학생도 와서 메모를 써 놓고 간다. 읽어보면 흐뭇하다. 낙서한 방명록도 있어 자세히 보니 '4살이 쓴 거예요'라고 해서 가운데에 걸어 놓았다. 이런 것을 하나하나 모아 손님과의 소통을 유지한 지 6개월이 넘으니 단골도 많이 생겼다. 이렇게 나의 카페는 여전히 완성되어 가는 중이다.

"

비용을 내는 손님은 그만큼 가치를 얻어가려 하기에,
나는 내 카페를 인테리어가 눈에 띄는 곳으로
가꿔 나가고 있다.

"

6

손님을 부르는 효과적인 관리

인테리어가 끝나고 영업 준비도 마쳤다면 홍보에 신경을 써보자. 무인카페도 장사이기에 홍보는 필수다. 무자본 창업은 SNS와 톡톡 튀는 아이디어가 홍보 수단이지만, 오프라인 소자본 창업은 전통적이더라도 창업을 알리는 것이 우선이다. 나는 아파트 단지 내 1층 홍보물 설치함에 전단을 붙였다. 관리소에 비용을 내면 일주일간 광고할 수 있었기에 상가 인근의 두 개 단지 1,300세대에 모두 붙였다. 그런 홍보 덕택일까, 오픈부터 손님이 많았다. 첫 일주일 동안 운영해보니 손님이 가장 적은 날은 월요일이었다. 주중엔 학생부터 어르신까지 다양한 고객이 다녀갔고, 주말엔 가족 동반으로 오기도 한다.

성공적으로 홍보를 마쳤다면 다음은 관리다. 우리 카페가 잘 되는 이유는 무인이지만 무인 같지 않게 관리를 하기 때문이다. 환한 이미지와 경쾌한 음악이 카페 분위기를 좌우한다. 간식거리도 가끔 제공하기에 손님이 좋아한다. 무인카페도 장사다. 주인이 관리한다는 인식을 심어줘야 무슨 장사든 잘된다. 때에 따라서 이벤트도 열고 간식을 준비한다. 간식은 주로 젤리나 초콜릿이다. 대형할인점에서 한 번에 구매해 매장에 가져다 둔다. 청소하다 아이를 보면 한 움큼씩 쥐여 주기도 한다. 간식 옆에 출출할 때 드시라고 쪽지를 써 놓으니 이를 본 고객은 감동이라고 다시 댓글 쪽지를 남겨놓기도 했다. 좋은 인상을 주면 고객들의 재방문율도 높다.

단지 내 상가다 보니 단골이 생기고, 이 단골분들이 매출에 큰 영향을 미친다. 단골손님을 관리하는 것은 필수다. 운동하고 매일 오는 센터 사람들, 출근길에 커피 뽑아가는 남자 손님들처럼 다양한 고객이 오시기에 의자 배열에도 신경 썼다. 긴 의자를 기역 자 배열로 놓고 단체 손님도 오실 수 있게 탁자를 준비했다. 단골손님을 유치하는 방법은 이것으로 끝이 아니다. 원래 무인카페에서 외부음식 반입은 금지다. 하지만 나는 편하게 드시라고 한다. 아무도 없는 무인이기에 내 카페처럼 편안히 이용하라고 카페 내부에도 써서 붙였다. 이런 내 마음이 통한 걸까. 단골손님은 점주 대신 주인 역할도 한다. 장년층이 오면 기계 사용을 도와주기도 하고 쓰레기를 처리 안하는 고객에게 정리하고 가라고 정중하게 말씀하신다.

무인으로 운영된다는 것은 장·단점을 함께 갖고 있다. 관리하는 사람은 없되, 관리하고 있다는 느낌은 들어야 한다. 관리의 미비는 점주로서는 '어쩌다 한 번'이지만 처음 방문한 손님에게는 첫인상을 결정한다. 중요하게 신경 쓸 부분은 청결과 기자재 보충이다. 청소야 기본이지만, 많은 손님이 드나드는 곳이니 음료를 엎지르거나 하는 갑작스러운 사고가 발생할 수 있다. 얼마나 빨리 대처할 수 있는지가 중요하다. 따라서 매장에 있지 않아도 핸드폰이나 PC를 이용해서 CCTV로 매장을 틈틈이 확인할 필요가 있다. 이용에 불편이 없도록 기자재 보충에 신경 쓰는 것도 중요하다. 직접 판매하면 빠르게 알 수 있지만, 비대면이기에 수시로 매출을 확인해야 판매량도 파악할 수 있다. 나는 컵이 모자라서 커피를 팔 수 없는 불상사가 생기지 않도록 매일 핸드폰으로 하루 두 번 매출을 확인한다.

이렇게 관리에 힘을 기울이는 만큼 꽤 운영이 잘 되고 있지만, 아쉬운 것도 있다. 유인 카페보다 메뉴가 한정되어 있기에 매출에 한계가 있다는 점이다. 어떻게 극복해야 할지를 매일 고민하다 원두량을 조금 늘렸다. 맛이 진해지니 손님이 좋아하신다. 우리 매장은 옆집에서 디저트를 판매하기에 시도할 수는 없지만 타 지점은 디저트를 판매하는 곳도 많다. 2호점을 한다면 디저트는 물론 다양한 음식과 연결해 판매하고 싶다는 생각도 든다. 커피와 빵이 아닌 커피와 김밥이라든가 커피와 떡을 자판기에서 팔 수 있다면 아침을 못 먹는 손님에게 도움이 될 것이다. 새로운 개념의 무인카페를 만들 생각을 하니, 가슴이 두근거린다.

창업할 때는 누구나 희망적인 미래를 꿈꾼다. 무인카페를 여러 곳 운영하려는 사람도 많지만, 창업 후 폐업하는 예도 많다. 운영이 쉬워 누구나 운영할 수 있지만, 모두가 성공하는 것은 아니다. 무엇이든 그 사업의 전망과 미래, 안전성 그리고 경쟁력을 잘 파악해야 한다. 무인카페는 위에 적어둔 여러 장·단점이 있지만, 최대 목표는 안정적인 수익을 창출하는 것이다. 수익을 위한 몇 가지 팁을 공개한다.

무인카페를 할 예비 창업주라면 가맹비나 로열티가 높은 곳을 피하자. 가맹비가 없는 곳도 찾으면 꽤 있다. 또 무인카페일수록 커피 맛에 신경 쓰자. 요즘은 스타벅스 원두를 쓰는 곳도 많아졌다. 성공한 점주일수록 자기 카페의 커피 맛을 꾸준히 신경 쓰고 있다. 비대면일지라도 점주가 신경 쓰고 있어야 잘 되는 카페로 거듭난다.

1. 좁은 매장에서도 충분히 운영할 수 있다.
2. 인건비 등 고정지출이 절약된다,
3. 24시간 운영으로 고수익이 창출된다.
4. 투잡으로도 가능하다.
5. 소자본으로 시작할 수 있다.
6. 모바일이나 PC로 실시간 매출 확인이 가능하다.

1. 문제 발생 시 수습하는 데 시간이 걸린다.
2. 고객 대응이 어려워 불편함이 있다.
3. 기계가 갑작스럽게 고장이 나기도 한다.
4. 집과 거리가 멀면 빠른 대응이 어렵다.
5. 키오스크 주문이 어려운 장년층은 재방문하지 못한다.

"

작은 공간이지만 다양한 고객이 온다.
이런 다양한 수요에 맞춰
커피 외에 다양한 음료도 판매하면서,
남녀노소가 다 즐길 수 있는 공간으로 만들고 있다.

"

매시간 시장은 바뀐다

새벽에 가끔 커피가 마시고 싶을 때가 있다. 그럴 땐 내 카페가 가까이 있어서 다행이다. 집에서 걸어서 10분 거리다. 어느 날은 새벽의 상쾌함을 느끼며 카페까지 걸어갔다. 이른 시간이라 아무도 없을 줄 알았는데 출근 전 커피를 뽑는 손님이 계셨다. 커피와 함께 매일 20분 영어 공부를 하신다고 한다. 내가 뭔가 뿌듯한 일을 하는 것 같은 마음마저 들었다. 조용히 혼자만의 시간을 즐기고 출근하는 이분의 뒷모습을 보며, 마음속으로 응원을 전했다.

나는 무인카페를 단순히 돈나무로만 보지는 않는다. 무인카페를 운영하다 보니 『불편한 편의점』이라는 소설이 남 얘기 같지 않았다. 무인카페는 저마다 사연을 가진 사람들이 오는 공간이다.

무인카페의 손님은 누구일까? 젊은 여성이나 아기엄마들이 주로 찾을 것 같지만 남자 손님이 압도적으로 많다. 혼자 오시는 남자 손님은 대면보다는 비대면을 더 좋아한다. 그중에서도 테이크아웃을 선택하는 분이 70%는 된다. 그리고 무인카페에 오는 손님은 시간대별로 나뉜다. 24시간 운영하기에 출근하며 커피를 포장 구매하는 고객이 많고, 새벽에 일하는 고객도 단골이 된다.

- 새벽 : 출근하는 직장인(테이크아웃)
- 오전 : 젊은 엄마, 운동하는 단골
- 점심시간 : 근처에 근무하는 직장인
- 오후 : 공부하는 학생
- 저녁 : 대리 기사, 배달 기사

　실평수 6평밖에 안 되는 작은 공간이지만 다양한 고객이 온다. 오전에 오시는 단골손님은 에어로빅 운동하는 아줌마부대다. 10시 30분이 지나면 10명 넘는 인원이 오셔서 매출을 올려주고 있다. 커피를 비롯해 음료를 다양하게 드시며 가끔 빵이나 떡도 가져와 드신다. '외부음식 반입금지'라고 문구를 붙여놓긴 했지만 이제 단골이 된 손님들은 음식을 먹어도 된다는 것을 알고 계신다.

우리 카페 옆은 중형병원이 있다. 외과 전문병원이라 교통사고나 몸이 불편한 분들이 입원하고 계신다. 병원 종사자들이 많아 점심시간엔 카페가 북적북적한다. 오후가 되면 2, 3층이 학원가라서 기다리며 과제를 하는 학생도 있고, 음료 하나를 둘이 나눠 마시며, 뭐가 그리 재미있는지 깔깔대며 먹는다.

아파트 단지 안이다 보니 저녁에는 손님이 하나둘씩 집으로 돌아간다. 그러다 9시가 되면 근처 카페는 9시면 문을 닫기에 또다시 카페가 활기차진다. 밤늦은 시간엔 헬멧 쓴 배달 기사가 피곤한지 커피를 마시며 쉬고 있다.

때로는 CCTV를 통해서 때로는 현장에서, 무인카페를 찾는 손님들을 본다. '자세히 보아야 예쁘다'라는 시구처럼 나에겐 단순히 손님이 아니라 저마다의 삶을 살아가는 '사람'으로 보인다. 그래서 저절로 웃음 짓게 되고, 내 밤늦게 일하는 사람이 쉴 곳이 있어서 다행이란 생각도 든다. 그들의 삶을 응원하는 작은 공간이 되고 싶다는 꿈을 꾼다.

잠시 방문하는 카페라도 이곳에서 좋은 기억을 만들었으면 좋겠다. 브랜드 카페나 개인 카페는 인테리어가 별로여도 커피 맛과 친절한 손님 응대로 장사할 수 있지만, 무인카페는 일반 카페보다 더 예쁘고 눈에 띄어야 한다. 비용을 내는 손님은 그만큼 가치를 얻어가려 하기에, 나는 내 카페를 인테리어가 눈에 띄는 곳으로 가꿔 나가고 있다. 친절한 사장님, 직원의 대면 서비스가 없기에 더 예쁘고 깔끔한 공간으로 만들고 싶었다. '커피 한 잔의 여유'라는 말처럼 지친 일상에서 벗어나 재충전하는 역할을 하고 싶다.

시장은 끊임없이 변한다. 하지만 본질은 변하지 않는다고 생각한다. 단순히 나에게 돈을 가져다주는 돈나무가 아니라 손님들과 함께 성장하는 공간으로 만들어나갈 것이다.

> 무인 카페는 혼자만의 힐링 공간이 되기도 하지만,
> 단체로 찾아오는 손님들의 사랑방이 되기도 한다.

생각의 전환으로 만드는 공간

무인카페 점주가 되어보니 좋은 점이 많다. 다른 카페에 가지 않아도 지인을 만날 수 있고, 내가 신경 쓰지 않아도 고객이 커피를 뽑아가기 때문에 청소 후 커피 한잔 내려 글쓰기와 업무에 집중할 수 있다. 손님에게 응대 서비스를 하지 않아도 된다는 건 최고의 장점이다. 하지만 처음 카페를 계획할 때 꿈꿨던 것을 얼핏 이룬 것에는 못내 아쉬움이 남는다. 바로 소호사무실*)이다. 위에서 설명했지만, 처음엔 카페를 소호사무실처럼 운영하고 싶었다. 지금 운영하는 무인카페의 한쪽 면을 벽으로 막아서 2평 정도 사무실로 만든 다음, 아늑한 내 공간에서 자료도 만들고 줌으로 강의하고 싶었다. 하지만 실평수가 너무 작아 실제로 시도하진 못했다.

첫 책을 출간하고 나에 대해 궁금해하거나 대면을 원하는 분들이 많아졌고, 지금은 내 무인카페를 그런 분들과 만나는 데 사용하고 있다. 전국에서 찾아오신 분들을 만나다 보니 우리 카페는 대면

---

*) 소호사무실이란 1인 사무실쯤, 공유 오피스 안에 있는 개별 사무실 한대라고 보면 된다. 자기 공간과 함께 사용하는 공간의 묶음 제다.

으로 코칭하는 공간이 되었다. 함께 이야기하다 보면 감정이입이 되어 함께 울고 웃는다. 한 번은 지인을 만나고 있을 때 다른 손님이 나를 알아보기도 했다. 내 책을 들고 오시기도 한다. 나를 만나러 오신 분들로 무인카페가 만석인 경우도 여러 번 있었다. 무인카페는 혼자만의 힐링 공간이 되기도 하지만, 단체로 찾아오는 손님들의 사랑방이 되기도 한다.

내가 무인카페를 여러 공간으로 잘 이용하는 모습을 보며 무인카페를 창업하는 수강생이 여럿 생겼다. 예를 들어 수강생이었던 잠실의 카페 점주는 경매 강사다. 1년 동안 입지를 분석하며 상가를 알아봤다고 한다. 그동안 망설이다 내 강의를 듣고 바로 상가 계약 후 무인카페를 창업했다. 세대수가 많고 워낙 입지가 좋아 가맹점 중 매출 1위가 되었다.

또 세금 강사인 송파 점주는 카페 자리를 알아보다 비싼 임대료 때문에 여러 번 기회를 놓쳤다. 그러던 중 서울 송파구 방이동에 월 50만 원짜리 상가를 찾아냈다. 지방도 아니고 송파구에서 월 50만 원이라니 놀라웠다. 상가 임장도 여러 번 하고 부동산 공부를 한 사람만이 좋은 상가를 찾을 수 있나 생각했을 정도다. 이 분은 카페를 세무 상담하는 사무실로 쓰고 있다. 카페를 운영함과 동시에 자신만의 사무실이자, 사람을 만나는 공간으로 잘 활용하는 것이다.

카페에서 흐르는 잔잔한 음악을 들으면 몰입에도 좋다. 유명 작가인 조앤 K. 롤링은 『해리포터』 시리즈를 집 근처 작은 카페 구석자리에서 집필했다고 한다. 그래서일까, 요즘은 코피스족^{Coffee+Office}이 많다. 퇴근 후 카페를 사무실처럼 활용하는 직장인을 말한다. 노트북을 가지고 집이 아닌 개방된 공간에서 일이나 업무, 공부에 집중하는 사람이 많아졌다. 카페는 어디든 공부하거나 글 쓰는 사람이 많기에 나도 모르게 의욕이 더 생기게 된다. 그런데 유인 카페에서는 장시간을 보내기 어렵다. 커피 한 잔 시켜 놓고 몇 시간씩 자리를 차지해야 하는데, 눈치가 보이기 때문이다. 집중이 필요한 사람들에게 무인카페는 이런 단점을 해소할 수 있는 공간이다.

물론 카페를 가장 잘 이용하는 사람은 바로 내가 아닐까 싶다. 매일 글을 쓰는 나에게 집과 카페 중 집중하기 편한 곳은 어디일지 생각해보았다. 집은 편안함 때문에 늘어지기 쉽다. 일단 나와야 긴장감도 생긴다. 나도 카페에서 더 집중이 잘 된다. 말 거는 사람도 없고 내가 신경 쓸 사람도 없다.

오늘도 나는 내 카페로 출근한다. 청소 후 딱 1시간 글을 쓰고 만날 사람을 기다리며 맛있는 커피 한 잔을 마시고, 이곳에서 또 다른 꿈을 꾼다.

3장

내 행복과 여가,
수익을 모두 잡는 시스템 만들기
― 일탈과 수익의 결합, 호스트로 살아보기

“

편안한 가정집 분위기 숙소는 인기가 많았다.
그 모습을 보고 '공간임대'는
새로운 사업 아이템이란 것을 깨달았다.

”

새 장소는 좋지만,
이사는 겁나는 너에게

2018년 중반, 찜질방에서 바쁘게 일하던 시절이었다. 이대로 살다가는 평생 집을 살 수 없겠다고 하며 포기하고 있었다. 예체능을 준비하는 자녀 교육에 많은 돈을 지출하다 보니 내 집을 장만하지 못했다. 자녀 교육으로 집 없는 설움을 여러 번 겪은 후 남편은 시가에 도움을 요청했다. 시아버님은 시골에 조금 갖고 있던 땅을 매도하려던 참이었고, 결혼 28년 만에 시가의 도움으로 집을 분양받을 수 있었다. 분양가의 반 이상이 대출이었지만 우리에게 집이 생겼다.

대출의 압박은 있었지만, 집이 생기니 마음의 여유도 생겼다. 그해 말에 홈쇼핑에서 서유럽 12박 13일을 1인당 200만 원에 갈 수 있다는 광고를 보고, 마음이 요동쳤다. 머리로는 쓰면 안 되는 걸 알지만, 내 손은 홈쇼핑 전화번호를 눌렀다. 더 나이 들면 여행 가기 어렵다는 이유로 합리화하고 있었다. 비용이 들었지만 넓은 세상에서 배운 것도 많다. 남편과 지중해를 바라보며 60세가 되기 전에 한 달 살기를 꼭 해보자고 다짐했다.

그렇게 5년이 흘러 어느덧 삶이 즐거워진 중년의 나이 56세가 되었다. 해외 한 달 살기를 하기 전 제주도 한 달 살기를 먼저 해보고 싶었고, 제주도 한 달 살기를 알아보니 이젠 트렌드로 자리 잡아 가고 있었다. 나의 일상에도 환기가 필요했다. 당장이라도 마당이 있는 독채 숙소와 조용하고 한적한 시골에서 보내는 경험을 하고 싶었다. 가족 바디프로필이 끝나고 일종의 포상휴가로 2박 3일 제주도 여행을 갔다. 여행과 임장이 동의어인 우리 가족인 만큼, 한번 제주도의 분위기를 보기로 했다.

돌아다녀 보니 애월읍에 한 달 살기 숙소가 가장 많았다. 어릴 적 할머니 집에 놀러 온 듯한 편안한 가정집 분위기의 숙소는 제주도 내에서 인기가 많았다. 그 모습을 보고 '공간임대'란 이런 수요를 충족시켜 줄 수 있는 새로운 사업 아이템이란 것을 깨달았다. 새로운 경험과 문화 체험을 지역 사람들과 함께할 수 있다는 게 한 달 살기의 큰 장점이다. 한 달 살기 숙소는 장기 투숙객의 생활비 절감에도 큰 도움이 된다. 호텔이나 게스트하우스 숙박보다 경제적으로 아낄 수 있는 부분이 많았다. 내 집처럼 편안함도 있는 숙소는 주방을 이용해 식사 해결이 가능하다. 이런 장점이 있지만 수요를 조사하는 것은 필수였다. 누가 한 달 살기를 많이 이용하는지 찾아보았다. 단순히 여행뿐만 아니라 장기 출장 온 비즈니스맨이나 이사 날짜가 맞지 않는 사람도 많이 이용한다는 것을 알게 되었다.

제주도에 다녀온 후 공간임대를 알아보니 종류가 많았다. 제일 많이 이용하는 '에어비앤비'는 전 세계적으로 유명한 공유 숙박업이다. 세계 여러 나라 여행객들이 예약하고 이용할 수 있는 플랫폼을 제공한다. 개인이나 회사는 에어비앤비에 가지고 있는 숙소를 등록할 수 있다. 전 세계 190개 이상 국가에서 이용할 수 있으며 100만 개 이상의 숙소가 등록되어 있다. 에어비앤비는 여행의 형태와 트렌드를 바꾸었다. 최대 180일까지는 내국인도 받을 수 있게 2019년도에 법이 바뀌었다. 호텔보다는 숙박비가 저렴하기에 많은 사람이 이용한다.

대학가에서 볼 수 있는 셰어 하우스나 파티룸도 공간임대의 일종이다. 먼저 셰어 하우스는 한 집을 여럿이 나누어 사용하는 것으로, 1인실, 2인실, 3인실 등 크기에 따라 임대료가 다르다. 거실과 주방은 공동으로 사용하고 함께 사는 공간이기에 외롭지 않다는 게 장점이다. 원룸이나 오피스텔보다 월 임대료 비중이 작다. 주로 대학생, 신입사원, 외국인 등 경제적으로 월세 부담이 큰 개인에게 인기가 많다. 3개월, 6개월 단위로 1년 이상이 아닌 단기 계약도 가능하다.

파티룸은 MZ세대를 겨냥한 공간이다. 이벤트로 사용되는 공간이기에 음식과 음료를 제공한다. 프로포즈나 생일 파티, 브라이덜 샤워 등 축하 파티를 위한 공간이라 젊은이들에게 인기가 많다, 일부 파티룸은 사전 예약을 해야 할 정도이다.

하지만 이렇게 여러 가지를 알아보면서 단점도 찾을 수 있었다. 무인 창업과 마찬가지로 사업자 거주 지역과 최대로 가까워야 운영하기 불편함이 없다. 공간 자체가 상품이기에 환경이 좋아야 하고 언제든지 편하게 쉴 수 있는 공간이어야 한다. 또 에어비앤비는 해당 운영자가 주소에 거주해야 하며, 아파트에서 운영하려면 주민 전체 동의서를 받아야 했다.

결국 한 달 살기 공간 임대가 나에겐 딱 맞는 사업이었다. 코로나 시대엔 여행이 어려웠지만, 여행이 자유로워진 지금은 한 달 살기도 충분히 수요가 많다고 생각했다. 여행지에서 가장 중요한 건 숙소다. 비용이 가장 많이 들기도 한다. 특히 성수기에 바닷가 앞에 숙박은 구하기도 어렵기 때문에 강점도 있었다.

고백하자면, 공간임대에 가장 마음이 갔던 이유는 사심 때문이었다. 여행을 좋아하는 우리 가족이 세컨 하우스 개념으로 쉴 공간이 있으면 좋겠다는 간절한 마음이 있었다. 또 아기가 있는 딸 부부나 우리 부부가 언제라도 가서 쉴 수도 있는 공간이 있다면 얼마나 좋을까. 게다가 파이프라인도 되어주니 이보다 더 좋을 수 있을까. 그렇게 우리의 공간임대 사업이 시작되었다.

"

인테리어를 제대로 하려면 가격이 비싸다.
낮은 가격으로 진행하면 분명히 어딘가
맘에 들지 않는다는 것을 알고 있었다.

"

바다가 보이는 풍경

　서점에 가면 여행 서적이나 한 달 살기 등 타지에서 살아가는 이야기가 눈에 밟히기 시작했다. 어디가 됐든 한 달 살기는 꼭 해 보고 싶은 버킷리스트였다. 바닷가 근처에서 한 달을 살아간다면 어떤 기분일까? 늘 꿈만 꾸며 살았다. 한 달 살기에 대한 로망으로 바닷가 근처 부동산을 검색하기 시작했다. 그러다 부자 매뉴얼을 듣는 멤버님과 1:1 코칭 중, 소자본으로 할 수 있는 한 달 살기 임대업에 대해 더 자세히 알게 되었다.

　그전까지 나는 에어비앤비나 셰어 하우스가 숙소라는 건 알고 있었지만, 운영하는 방법은 몰랐다. 집을 이용한 단기임대가 있다는 것도 처음 알았다. 하지만 그 멤버님은 강원도 주문진에서 공간임대 사업을 하고 계셨다. 주문진에 급매로 매수해 시작하셨다고 했다. 저지르는 유전자와 실행력 있는 나는 그 말을 듣자마자 단기임대가 궁금해 남편과 주문진에 갈 준비를 했다. 임장을 여행처럼 다니는 우리 부부는 합이 잘 맞는다.

2022년도 5월은 강원도 부동산이 뜨겁게 달아오르는 시기여서 매물이 없었다. 연락처를 남기고 기다려도 매물은 나오지 않았다. 8월에 다시 한번 임장하는 마음으로 주문진에 갔다. 역시나 다른 매물은 가격이 비쌌다. 돌아다녀 봐도 내 투자금에 맞는 매물은 이것뿐이었다. 동네를 한 바퀴 돌아봤다. 주문진은 강릉에서 차로 20분 떨어져 있는 작은 시골 마을이다. 원하던 아파트에서 8분 정도 걸어가면 영진해변이 보였다. 레전드 드라마로 알려진 '도깨비' 첫 방송에 나온 촬영지였다. 영진해변에는 예쁜 카페가 즐비했고 바다는 깨끗했다. 보면 볼수록 '여기다!' 싶었지만, 아쉽게 돌아올 수밖에 없었다.

이틀 후 네이버 부동산에 9층 매물이 나왔다. 부동산 소장님께 바로 200만 원 내려서 협상해주면 집도 안 보고 계약하겠다고 연락했다. 안 될 거라는 마음이 더 컸지만, '아니면 말고'라는 나만의 기준이 있었다. 잠시 후 거짓말처럼 계약이 성사됐고, 계약금을 보내면서 내게도 주문진에 세컨 하우스가 생겼다. 가격은 13평 기준 6,500만 원이었다. 다주택자였지만, 공시가 1억 원 이하였기에 취득세는 1.1%이었다.

잔금 치른 날 집을 처음 보았다. 입주 상태 그대로였다. 어르신이 혼자 오래 사셨기에 집 상태는 전부 수리를 해야 할 상황이었다. 창틀을 제외하고 보일러까지 교체해야 했다. 전기 콘센트도 제대로 남아 있지 않았다. 살던 어르신은 불편했음에도 그냥 사셨나 보다. 서울 오래된 빌라, 무인카페 공사, 그리고 세컨 하우스 공사까지, 졸지에 그해에만 공사를 3번이나 하게 되었다. 부동산 소장님을 통해서 인테리어 업체와 견적을 내 보니 1,000만 원이라는 비용이 필요했다.

강릉에 있는 전문업체에 견적을 의뢰하자, 담당자 두 분이 오셔서 실측하셨다. 인테리어를 제대로 하려면 가격이 비싸다. 부동산 소장님이 소개한 업체와 가격 차이가 컸지만, 낮은 가격으로 진행하면 분명히 어딘가 맘에 들지 않는다는 것을 알고 있었다. 일 년에 3번이나 공사를 경험해보니 대충 해놓은 공사는 문제가 생겼다.

내가 사는 곳과 거리가 있어 이번에도 근처 부동산에 믿고 맡겼다. 의뢰를 받은 인테리어 사장님이 나이가 지긋하신 분이라 경험치가 많을 거라 믿었다. 중간에 한 번 점검하러 갔다. 공사를 해야 할 시간에 안 계셨다. 멀리 계신다고 한다. 시아버님 연배와 비슷하기에 그냥 돌아갔다. 완성되었다는 연락에 가보았다. 분명 붙박이장이라고 했는데 그냥 장롱이 되었다. 벽에 붙여 달라고 요청하니 두 칸짜리 장은 붙박이로 못한다는 답변이다. 화가 났지만 이미 완성되었기에 참았다.

세컨 하우스는 손녀딸 태명을 붙여 조이 하우스라고 지었다. 비록 제주도는 아니지만 2시간 30분이면 갈 수 있는 동해 바닷가에 나만의 쉴 수 있는 공간이 생겼다. 2005년 즈음에 입주 폭탄인 줄도 모르고 지방 아파트 2채에 투자했다가 계약금을 받지 못한 건 물론 마이너스 프리미엄으로 매수자에게 돈을 더 주고 매도해야 했던 가슴 아픈 기억이 있다. 이후 지방 투자는 쳐다보지 않았다. 두 번 다시 실패하지 않으려고 부동산 공부를 했다. 기초, 중급반을 들으며 경매 공부까지 했다.

공부한 이후엔 나만의 기준으로 투자한다. 주문진에 매수한 부동산은 시세 차익이라기보다 세컨 하우스 개념이 더 크다. 인테리어 비용과 내부 소품 비용까지 합하면 8,000만 원이 들었지만, 대출은 없었다. 이렇게 두 번째 소자본 창업을 통해 10번째 파이프라인이 생겼다. 동해 바닷가 앞에 내 집이 생겼다는 것만으로 행복했다. 이제는 어떻게 내부를 꾸며야 할지 고민이 시작되었다.

"

한 달 살기는 단순히 여행만은 아니다.
새로운 도시에서 주민이 되어
살아가는 경험이기도 하다.

"

Q1. 내가 살고 싶은가?

　중·장년층은 '장기간 살아보는 여행'을 하고 싶어 한다. 죽기 전에 하는 버킷리스트에도 국내든 외국이든 한 달 살기와 산티아고 순례길은 목표에 꼭 적혀있다. 한 달 살기는 단순히 여행만은 아니다. 새로운 도시에서 주민이 되어 살아가는 경험이기도 하다. 이런 유행을 불러일으킨 것이 TV에서 방영한 〈효리네 민박〉이라는 프로그램이다. 치열한 삶을 사느라 지친 사람들에게 제주도 풍경과 주인장의 여유를 보여주는 모습은 부러우면서 힐링이 되는 시간이었다. 물론, 나도 그때부터 제주도에 대한 로망이 생겼다.

　문제는 이런 프로그램으로 단기 임대에 대한 사람들의 기준이 높아졌다는 것이다. 우리가 살고 싶은 집의 형태는 다양하다. 꽃이 만발하게 핀 마당이 있거나 창문 넘어 바다가 보이는 집에 살고 싶지만, 거처를 옮겨 사는 용기는 쉽게 낼 수가 없다. 그럴 때 선택하는 것이 단기 임대인 것이다. 단기 월세와 다른 점은 집을 임대할 때 월세는 공간만 임대하지만, 단기 임대는 안에 살림살이가 모두 갖춰져야 했다. 옷가지만 가지고 와서 지낼 수 있게끔 세팅하려면 비용이 만만치 않다. 인테리어를 마쳤으니 안에 내부를 꾸며놓을 차례다.

내가 만약 한 달 살기를 한다면 어떤 집에서 살고 싶은지를 먼저 생각했다. 여행 갈 때 나는 잠자리가 가장 중요하다. 자는 게 불편하면 온종일 컨디션이 안 좋기에 침대가 좋아야 한다는 생각이 먼저들었다. 가격이 비쌌지만, 브랜드 가구의 새 침대를 갖춰 놓았다. 침구류도 부드러운 소재로 마련했다.

가전제품 비용을 계산해보았다. 냉장고와 세탁기, 건조기 비용이 부담스러웠지만, 집이 작아 크지 않은 것으로 마련했다. TV는 집에 있는 거로 가져다 놨다. 기타 작은 가전으로 압력밥솥, 전자레인지, 커피포트 등을 모두 새것으로 갖춰놨다.

주방도 빠질 수 없었다. 생활에는 냄비부터 프라이팬까지 필요한 주방 살림이 많다. '모던하우스'에서 한꺼번에 주방용품을 구매했다. 싸고 가성비 좋은 용품은 '당근마켓'에서 구매했다. 당근마켓에서는 새 제품을 반값으로 구매할 수 있었다. 그릇은 다이소 제품도 예쁜 게 많았다. 컵 종류는 집에 사용하지 않은 여러 개가 있기에 가져다 놨다. 가성비 좋은 제품을 찾아 예쁜 공간으로 만들었다. 향기

나는 디퓨저와 책도 여러 권 비치해놓았다. 마지막으로 숙박 안내문을 만들었다.

조이 하우스 숙박 안내문

1. 숙소 내 모든 구역은 금연입니다.
2. 고성과 소음 등 이웃 주민에게 피해를 줄 수 있는 행동은 삼가해 주세요.
3. 와이파이 비밀번호는 무선공유기 위에 기재되어 있습니다.
4. 내부 물품에 파손/오염/훼손의 경우 불가피하게 변상을 요청할 수 있습니다.
5. 욕실 온수는 거실 보일러 컨트롤러로 조절하여 이용해 주시기 바랍니다.
6. 쇼파, 침대 등 가구류 이동은 금지되며 침구 벽지 등에 음식물이 묻지 않도록 주의해주세요.
7. 분리수거는 매일 가능하며 음식물 쓰레기 봉투에 담아 매일 버려 주세요.
8. 퇴실 시 비밀번호는 원상 복구 부탁드리며 문과 창문은 닫아주시고, 난방, 전원 모두 꺼주시길 바랍니다.

아무리 사소한 것까지 챙긴다고 놓치는 것이 있기 마련이다. 사용에 불편함이 있는지 확인하러 우리 부부가 1박 2일을 묵었다. 음식을 하려고 보니 양념이 없어 불편했다. 고춧가루, 고추장부터 필요한 양념을 준비했다. 주변에 무엇이 있는지 알아보려고 동네를 돌아봤다. 작은 시골 동네라 한적했다. 강릉 시내는 차로 20분 거리라 시내에 모든 생활 편의가 갖춰있기에 크게 불편함이 없었다. 복도에 나가니 바다가 한눈에 보였다. 막혔던 가슴이 뻥 뚫린 느낌이다. 밤이 되니 별이 보인다. 경기도에 살면서 별을 본 적이 몇 번 없다. 내가 당장이곳에서 한 달 동안 살고 싶어지는 걸 보니, 자신감이 생겼다.

15일 후 아들을 보냈다. 아들이 집안에 엽서와 소품을 사다 놨다. 조이 하우스를 젊은이들이 좋아하는 감성 있는 곳으로 바꿔 놓았다. 2박 3일 동안 근처 맛집들과 예쁜 카페 리스트를 뽑아놓았다. 아들은 숙소 설명 안에 적어 놓으면 좋다고 조언도 했다. 이번엔 여행삼아 다녀오라고 딸 부부를 보냈다. 하룻밤 자며 부족한 건 무엇이있는지 물어보니 베란다에 아무것도 없어 비어 보인다는 말에 당장티테이블을 주문했다. 거실 바닥이 차가워 보여 카펫도 구매했다. 숙소는 청결이 생명이다. 청소도구도 챙겨 놓았다. 준비할 때는 생각나지 않던 물건이 하나씩 채워져 갔다.

블로그에 조이 하우스에 관해 기록하기 시작했다. 바닷가 근처

집은 모두의 로망이기에 이웃님들의 관심도가 컸다. 살면서 번 아웃이 올 때 집에서 쉬어도 해결이 안 된다면 휙 떠날 수 있는 세컨 하우스를 만들어 보는 건 어떨까? 사실은 내가 가장 설레기 시작했다.

"

시간 부자는 이런 것이구나.
큰 부자는 아니어도
소소한 행복을 누릴 수 있구나!

"

첫 손님을 위한 깐깐한 정리

　3개월의 준비 끝에 숙소가 완성됐지만, 사람들에게 알리는 것이 낯설었다. 혼자서 알아볼 때마다 의문투성이였다. 이내 공간임대를 하는 부자 매뉴얼 멤버께 연락했고, 그녀는 등록하는 방법을 친절하게 설명해줬다. 〈리브애니웨어〉, 〈삼삼엠투〉, 〈마이리얼트립〉 같은 호스트와 게스트를 연결해주는 사이트도 알려줬다.

> **각 사이트의 특징과 손님의 유형**
>
> - 〈리브애니웨어〉는 여행지나 관광지 위주로 한 달 살기 숙소를 찾는 게스트가 많이 이용한다.
> - 〈삼삼엠투〉는 주거지 위주다. 방 한 칸도 이용할 수 있는 전국의 단기 주택이 모두 이곳에 있다. 출장이나 병원 보호자가 많이 이용한다.
> - 〈마이리얼트립〉은 세계 여행 중인 해외 투숙객의 이용이 많다.

주문진 세컨 하우스는 여행지이기 때문에 알려준 대로 리브애니웨어에 숙소를 등록해보았다. 리브애니웨어의 구조는 다음과 같다. 호스트는 집주인이며 리브애니웨어에 1차로 집을 빌려준다. 그럼 리브애니웨어가 임대가 필요한 게스트에게 호스트의 집을 빌려주는 식이다. 여기서 호스트는 리브애니웨어와 전대차 계약서를 써야 한다. 독특한 점은 남의 집을 빌려서도 임대업이 가능하다는 것이다. 내 집이면 전대차가 되지만, 남의 집을 빌려서 운영할 땐 전 전대차가 된다.

한 달 살기 숙소의 임대를 위해 리브애니웨어 사이트에 실평수 및 방 개수와 욕실 수 등을 입력했다. 무선 인터넷은 있는지, 건조기가 갖춰있는지 숙소 설명에 정확하게 기재해야 한다. 나는 거기에 더해 주변 편의 시설이나 관광지 맛집, 카페 맛집을 소개해 놓았다. 보통 2인이 머물 수 있는 13평 세컨 하우스의 한 달 살기 기준은 29박이고, 임대료는 100만 원 선이다. 임대 기간에 따라 일주일부터 보름 살기까지 다양하게 지낼 수 있다. 2인 기준이지만, 가족이 오는 경우 추가 요금을 받지 않았다. 숙소를 예약할 때는 숙소비용 외 보증금 20만 원을 추가로 받는다. 관리비 명목이다. 전기, 가스, 수도비용을 하루 6,000원으로 책정해 체크아웃 이후에 날짜 금액을 빼고 환급해주고 있다. 이벤트로 첫 오픈 때 임대 가격을 20% 낮췄다. 숙박 안내문도 예쁘게 만들고 집어넣고, 감성 있는 숙소 조이 하우스의 오픈 이벤트로 첫 오픈 때 임대 가격을 20% 낮췄다.

등록을 마치고 냉장고에 시원한 물과 캔 커피를 2개씩 넣어 놓았다. 싱크대 안쪽에는 컵라면과 짜장라면을 준비해 놓았다. 비상약을 갖춰 거실 장에 넣었다. 조이 하우스에 오신 여행객이 불편함이 없도록 꼼꼼히 확인했다. 침실에도 작은 조명을 놓아 아늑한 분위기를 만들었다.

첫 손님이 들어오기 전 최종 점검을 위해 혼자 강릉행 시외버스에 몸을 실었다. 장거리 버스를 탄 건 오랜만이다. 2시간 30분을 달렸다. 건조기가 갖춰져 있지만, 용량이 작아 이불은 빨래방에서 세탁해온다. 빨래방은 영진해변 앞에 있다. 빨래 돌리는 시간에 바닷가 산책에 나섰다. 바닷가 파도 소리를 들으며 세컨 하우스로 돈도 벌고 여행을 하는 중이다. 3박 4일 일정이다. 부지런히 밑반찬을 만들고 돼지 불고기도 재워두었다. 커피와 김, 컵라면까지 혼자 지낼 준비를 하며 마치 소풍 나온 아이처럼 신이 났다. 집이 따뜻한 햇볕으로 가득했다. 마트에 가서 쓰레기봉투와 음료를 하나 사니 마치 주문진 주민이 된 것 같았다. 혈압약을 안 챙겨 와 동네 병원에 가서 약 처방도 받았다.

이틀이 지나자 한 달 살기를 주문진에서 먼저 해보고 싶다는 생각이 들었다. 고성, 속초나 근교 주변을 여행하면서 지내보고 싶었다. 제주도 넉 달 살기 해본 지인은 제주도 책방 투어와 맛집 탐방한 이야기를 블로그에 기록했다. 이는 내 버킷리스트이기도 하다. 내 집이 있으니 강원도 한 달 살기 먼저 하며 '50대가 한 달 혼자 살아가는 법' 전자책도 써보고 싶다. 해가 지기 전 영진해변에 가서 바다를 보았다. 역시 시원한 바닷바람과 냄새가 좋다. 강릉은 커피 빵도 유명할 정도로 커피가 유명한 곳이 많다.

주문진에 오면 가보고 싶었던 곳 중 하나가 '보헤미안 박이추 커피' 전문점이다. 대한민국 1세대 바리스타 박이추 씨가 운영하는 곳이다, 커피를 사랑하는 사람들의 성지 같은 곳이다. 세컨 하우스에서 걸어서 10분 거리에 있다. 핸드드립 추출 퍼포먼스와 커피의 맛과 향을 직접 경험해 볼 수 있어 먼저 다녀온 딸 부부가 좋다고 했다. 직접 커피를 내려주기에 목요일~일요일 오후 5시까지만 영업한다. 주문진은 작은 동네라 혼자만의 시간을 보내기에 더없이 좋은 곳이다. 글 쓰다 우연히 베란다를 보니 해가 졌다. 일몰을 거실 베란다에서 감상할 수 있다니 좋은 기운이 가득하다. 새벽에 일출을 보러 나가는 것도 이곳이기에 가능했다.

'시간 부자는 이런 것이구나. 큰 부자는 아니어도 소소한 행복을 누릴 수 있구나!'

"

1년 차 호스트로 살면서 피곤할 때도 있지만,
조이 하우스를 방문한 게스트의 리뷰를 보면
피곤함이 눈 녹듯이 사라진다.

"

5

돈 버는 마음가짐, 친절

리브애니웨어에 등록하고 3주 만에 첫 게스트가 들어 왔다. 일주일, 6박 7일이다. 처음으로 누군가를 받으려니 긴장되었다. 예약 확정으로 알림이 오고, 체크인 3일 전에 또 한 번 알림이 왔다. 게스트가 오기 전 이불을 빨아두고, 싱크대도 정리하면서 전체적으로 깔끔하게 청소했다. 게스트가 체크인하면 또 알림이 온다. 예약이 들어오면 문자로 미리 준비한 문구를 보내준다. 문구는 다음과 같다.

> 예약해 주셔서 감사드립니다. 멋진 하루 보내고 계시는가요? 제가 애정하는 공간 조이 하우스를 이용 확정해 주셔서 감사합니다. 한 달 살기에 필요한 것들을 준비할 때 도움이 되도록 미리 숙소 컨디션을 알려드립니다.

- **숙소 주소**: 강원도 강릉시 주문진읍 삼우그린아파트
- **체크인**: 당일 오후 2시부터입니다만 혹시 더 이른 시간에 도착하셔도 괜찮습니다. 미리 연락해주세요.
- **체크아웃**: 오전 11시까지입니다.
- **숙소 입실방법**: 셀프 체크인하셔야 합니다. 숙소 비밀번호는 당일 오전에 문자 드릴게요.
- **숙소 이용 주의사항**: 소음이나 분리수거 등 공동주택 예절에 따라주세요. 분리수거장은 아파트 입구에 준비되어 있어요. 숙소에 종량제와 음식물용 쓰레기봉투가 준비되어 있습니다.
- **숙소 구비 물품**: 주방/냄비, 프라이팬, 조리도구, 식기와 식사 도구용이 준비되어 있습니다. 욕실용품(치약, 칫솔, 샴푸, 수건 등)은 사용할 것 따로 준비해주세요.
- **숙소 퇴실**: 셀프 체크아웃해 주시면 됩니다. 전등은 꺼주시고 냉장고를 제외한 가전 코드는 OFF 버튼을 누르거나 코드를 빼주시길 바랍니다.
- **정산**: 체크아웃 당일 오후 숙소를 방문하여 점검한 후 공과금을 제외한 금액은 등록해주신 계좌로 환불 처리됩니다. 혹시 당일 처리가 어려울 수도 있습니다. 양해 부탁드립니다.

예약하면 문구와 함께 내부 사진도 전송한다. 대부분 카톡으로 질문해오고, 질문이 올 때마다 친절하게 응대했다. 어린 아기와 함께 오는 가족은 유모차 둘 곳이 있는지도 질문한다. 가장 많이 오는 질문은 밥을 해 먹을 수 있는지, 또 편의 시설에 대한 질문도 종종 있

다. 깨끗하게 숙소를 사용하는 분께 소소한 선물인 빵이나 커피 쿠폰을 보낸다. 간혹 냉장고에 사용하지 않은 식재료를 두고 가는 게스트도 있다. 사용하지 않았지만, 한번 확인하고 괜찮다면 다음 게스트가 쓸 수 있도록 놔두기도 한다.

작고 아늑한 숙소라 혼자 오는 분이 많다. 20대가 아닌 50대에 나홀로 여행하는 이들이 많이 찾는다. 가장 많이 이용하는 고객은 여성이다. 가족 단위나 연인들도 주 고객이다. 일주일 살아보고 좋으면 날짜를 추가 예약하기도 한다. 강릉으로 발령받은 젊은 부부는 15일 살기로 이사 올 강릉을 미리 체험해본다고 조이 하우스를 예약했다. 바닷가에 가서 매일 바다를 보며 좋은 기운을 얻었다며 좋아했다

소소한 단점도 있다. 한 달이 모두 채워지기도 하지만 15일이나 일주일 단위로 들어오면 공실이 생긴다. 거주하는 곳과 숙소가 2시간 30분 떨어져 있기에 난감한 경우도 생긴다. 퇴실 날 연이어 예약이 들어오면 늦은 밤이라도 주문진에 가야 한다. 24시간 운영하는 무인 빨래방 덕에 깨끗하게 침구류를 세탁하고 밤늦도록 청소하는 때도 있다. 같은 날짜에 퇴실과 입실하는 예도 있다. 입실하는 게스트에게 양해를 구하고 청소할 시간을 확보하기도 한다. 변수가 생기고 거리가 멀어 피곤함도 있지만, 게스트가 만족하며 머물고 가시면 그보다 좋을 수는 없다.

인상 깊었던 게스트의 리뷰를 소개해본다.

'바닷가가 가까워 겨울 바다를 온전히 느낄 수 있는 시간이었습니다. 시내와 조금 떨어져 한적해서 좋았고, 수리된 집이라 쾌적하게 잘 쉬었습니다. 겨울이라 빨래가 마르지 않을까 걱정이었는데 건조기까지 있어 편리했습니다. 펜션이나 숙박업소보다 따뜻한 가정집 같은 분위기라 좋았습니다. 잘 쉬다 갑니다. 감사합니다'

'진짜 최고입니다. 숙소 컨디션 너무 좋아서 남편이랑 둘 다 감탄했습니다. 아기가 있다고 하니 유모차 둘 공간도 마련해 주셨어요. 걸어서 10분이면 바닷가라 유모차 끌고 매일 갔습니다. 단지 내 편의점과 놀이터가 있어 불편함이 없었어요. 비가 와서 못 나가는 날에는 베란다에서 자동차 구경하며 아기랑 놀았습니다. 아기가 어려 옷을 자주 갈아입어도 건조기가 있으니 편리했고요. 강릉으로 이사 예정이라 저희가 머무를 시간은 없겠지만 가족이 놀러 오면 여기 숙소를 예약해 주고 싶을 정도로 만족했습니다. 사장님 배려에 감사합니다. 덕분에 선물 같은 2주를 보냈습니다.'

나는 음식점이 아무리 맛있어도 주인이 불친절하면 가지 않는다. 눈치 보면서 산해진미를 먹느니 맛은 조금 덜할지 몰라도 편하고 즐거운 마음으로 식사를 하고 싶다. 숙소를 이용하는 게스트들도 그런 마음이 아닐까 싶다. 혹시라도 불편한 부분이 있을지 몰라도 호스트가 정성으로 챙겨주고 뭐든 더 해주려고 노력하면 만족하곤 한다. 그게 바로 이심전심일까, 1년 차 호스트로 살면서 피곤할 때도 있지만, 조이 하우스를 방문한 게스트의 리뷰를 보면 피곤함이 눈 녹듯이 사라진다.

"

50대 삶도 괜찮다고 알려주고 싶다.
멋진 인생을 두드리고 있는 나는
더 이상 나이 먹는 게 두렵지 않다.

"

6

돈과 글에 물들다

나는 항상 새벽 4시 30분 노트북을 켠다. 새벽 기상은 어느덧 내 몸에 습관으로 자리 잡았기에 여전히 나의 하루는 새벽 4시에 시작된다. 잠을 깨는 나만의 루틴으로 커피 그라인더를 돌리고 있으면 은근하게 퍼지는 커피 향이 참 좋다. 커피잔을 가득 채우고 조이하우스 거실에 앉았다. 예약이 없는 빈 날짜에 3박 4일 일정으로 글쓰기 여행을 왔다. 1시간 30분 동안 노트북에 글을 쓰고 바닷가 일출을 보러 나갈 준비를 했다.

3월 말은 아직 일교차가 크다. 바닷바람이 불어 시원하면서도 한기가 느껴진다. 바닷가의 새벽 풍경에 별이 보인다. 멀리 고깃배의 불빛들도 보였다. 여행객으로 보이는 사람들이 제법 많았다. 밤낚시를 즐기는 사람도 보였다. 아름다운 해변 앞에서 보는 일출, 모래사장, 초록빛 바다는 동해의 소중한 경관이다. 바다는 보기만 해도 가슴이 뻥 뚫린다. 아무도 걷지 않은 모래사장에 내 발자국을 남겼다.

일출을 기다리는 내 모습이 설렘으로 가득하다.

6시 25분이 되자 마치 바다에 물감을 쏟아부은 것처럼 붉은빛의 태양이 솟아오른다. 소리를 지르고 싶을 만큼 그야말로 장관이다. 핸드폰의 셔터를 연신 눌러댔다. 찍은 사진을 가족에게 보냈다. 해안 산책길을 걸었다. 나무 데크로 만든 산책길이다. 걷는 사람, 뛰는 사람이 어우러진 바다 풍경을 감상하며 여유로움을 만끽했다. 이곳에 오니 챙겨야 할 가족도 없고, 집안일을 하지 않아도 되었다. 56년 만에 혼자 여행하는 잊을 수 없는 경험을 하는 중이다. 아무도 모르는 곳에서 나만의 글쓰기 여행이다. 혼자만의 여행은 스스로에 대해 더 잘 알게 되는 장점이 있다. 즉흥적으로 떠나는 여행은 나의 시야를 넓혀준다. 일출을 봤으니 영진해변 카페에 들렀다. 예쁜 카페가 즐비하다. 빵과 커피를 들고 3층으로 올라갔다. 통창에서 보이는 바다는 새벽에 본 것과는 또 다른 풍경을 선사한다.

여유로운 아침을 먹고 있으려니 코로나 이전에 여행 다니던 시절이 생각난다. 금전적으로나 시간적 여유가 없어 쫓기듯 여행을 다녀온 적이 많았다. 마이너스 통장으로 가니 늘 빚을 갚기에 바빴다. 지금은 상황이 달라졌다. 시간적, 금전적으로 여유가 생겼다. 시간에 끌려 다니는 삶이 아니라 내 삶을 주도적으로 살아가고 있다. 3년 전에는 미래가 깜깜했다. 노후가 불안했다. 채워지는 나이의 숫자가 버거워 삶을 내려놓고 싶을 때도 있었다. 열심히 투잡까지 하며 살았는데 늘 제자리였다. '언제쯤 나아질까?'라는 생각뿐이었다. 그동안 열심히만 살아온 인생이 두려워 용기를 냈다. 꿈을 이뤄낸 나는 보상을 받는 중이다.

카페에서 여유로운 오전 시간을 보내고 다시 세컨 하우스에 도착했다. 글쓰기에 집중한다. 두 번 맞이하는 4시는 하루를 두 번 사는 느낌이다. 새벽만이 주는 행복이 있다. 공간임대를 하면서 가장 좋은 점은 예약이 비어 있는 날짜에 내가 여행을 갈 수 있다는 것이다. 한 달 살기는 최소 6박 7일부터 임대할 수 있다. 일주일 임대부터 한 달, 1년 살기까지도 가능하다. 에어비앤비는 하룻밤도 가능하지만 한 달 살기 임대는 하룻밤 예약은 불가능하다. 일주일 예약한 게스트와 다음 예약한 게스트 사이에 4일이 비었다면 임대할 수 없다. 이때가 내가 가서 쉴 수 있는 시간이다. 다음 게스트가 오시기 전 정리하는 시간이기도 하다. 비가 오는 날엔 온종일 글을 썼다. 장소를 바꾸니 신기하게 글이 술술 써진다.

매일 글쓰기를 습관처럼 조금이라도 하면 막히질 않는다. 글을 처음 쓰는 사람이라면 독서법을 먼저 배워보자. 책을 읽어야 글을 잘 쓴다. 글 쓰는 작가들은 엄청난 양의 독서를 한다. 무엇이든 같은 일을 매일 한다면 고수가 된다. 심지어 달인이 되기도 한다. 작가가 되고 싶다면 글을 매일 써야 하지 않을까? 글에는 줄거리가 있어야 한다. 내 인생이 바로 스토리가 된다. 글이 안 써진다고 했던 사람에 게 '글 쓰고 싶다면 글 쓰는 삶을 살아라.'라고 방송 작가가 한 말이 생각났다. 어쩌면 지금의 내 삶이 아닌가 싶다. 쓸 이야기가 자꾸 떠오른다.

3박 4일 일정에 하루 더 묵고 갈 생각이다. 시간 부자가 되니 시간을 마음대로 조절할 수 있다. 글쓰기 여행에서 글에 물들어져 간다. '물들다'를 사전에서 찾아보면 빛깔이 스미거나 옮아서 묻는다는 뜻이다. 바다가 초록빛으로 물든 것처럼 글쓰기에 물들어져 가는 중이다. 나이를 먹으니 나 자신을 찾아가는 시간이 많아져서 좋다.

'나이 오십이 넘으면 남의 삶을 기웃거리기보다는 자신이 세워둔 울타리 안에서 제 흥에 겨워 사는 법을 익혀야 한다고 생각한다. 타인으로부터 온 통찰은 내 것이 될 수 없다' 아름다운 수집일기에 나오는 글귀다. 지금의 내가 딱 그렇다는 생각에 괜히 어깨에 힘이 빠들어간다. 열심히 살아온 3년간의 보상으로 바닷가 세컨 하우스가 생겼다. 이곳은 나에게 돈도 벌어주지만, 또 이런 선물 같은 시간을 준다. 돈과 글에 물들면서 내 나이를 살아가는 중이다. 나는 이제 50대 삶도 괜찮다고 말해주고 싶다. 멋진 인생을 두드리고 있는 나는 더 이상 나이 먹는 게 두렵지 않다.

"

임대업을 생각한다면
하룻밤이라도 게스트가 되어 보자.
놀러 갔을 때 느낌과는 사뭇 다를 것이다.

"

반드시 알아야 하는
임대의 기초

　내가 운영하는 커뮤니티 '부자 매뉴얼'에서 에어비앤비에 대한 강의가 있었다. 실제로 운영하는 호스트의 이야기라 흥미롭게 들었다. 에어비앤비는 앞서 설명했듯이 전 세계 공유 숙박 서비스다. 배낭여행이라든지 유니크한 숙소를 찾을 때 유용하다. 기상천외한 숙소인 '물 위의 집'이라든지 인터넷과 TV도 없는 '숲속 숙소'부터 빗물 받아 샤워하는 '친환경 숙소'도 있다. 이색 숙박으로 우주에 온 것처럼 우주선 모양의 집도 있다.

　적은 비용으로 쉽게 접근할 수 있는 공유 숙박이 하나의 파이프라인으로 인기를 끌다 보니 자세히 알아보지 않고 시작하는 경우가 종종 있다. 준비가 되어 있지 않은데 강의만 듣고 덜컥 공간임대 사업을 시작해서는 안 된다. '내가 게스트라면 어떤 곳을 이용할까?'를 생각하고 시작해도 늦지 않다. 먼저 한 달 살기 꿀팁이 가득 들어 있는 책을 읽는 것도 방법이다. 『여행 말고 한 달 살기』나 『다녀왔습니다, 한 달 살기』를 추천한다. 한 달 살기를 한 번도 해 본 적 없는 이들에게 국내, 해외까지 가이드가 되어주는 책이다. 에어비앤비나 한 달 살기 호스트 모임 카페도 있으니 활용하면 좋다.

　　내가 한 달 살기 임대업을 택한 이유는 세컨 하우스를 이용해 임대 수익도 올리고 우리 가족도 여행을 즐길 수 있기 때문이다. 쉼이 있는 공간이 필요했기에 조용한 바닷가 근처를 세컨 하우스로 마련했다. 임대업을 시작하고자 하는 분은 하룻밤이라도 게스트가 되어 숙소 생활을 경험하는 걸 추천한다. 놀러 갔을 때 느낌과는 사뭇 다를 것이다. 특히 한 달 살기 숙소를 임대하고자 한다면 근처에 편의시설도 미리 봐 두어야 한다. 경쟁업소가 많은 곳은 피해야 하지만 지역에 수요가 많다면 꼼꼼히 조사하면 된다. 초보자가 공간임대 사업을 하고 싶다면 꼭 확인하자.

1. 부동산 임장하기(하고 싶은 지역)
2. 부동산 매매 및 임대하기(한 달 살기는 전, 월세도 가능하다)
3. 게스트 취향에 맞는 인테리어 하기(평수에 맞게 인테리어 하기)
4. 준비할 때 주의할 점(주변에 경쟁업체 확인하기)
5. 집처럼 아늑하게 내부 꾸미기(평수가 작다면 젊은 감성으로 꾸미기)
6. 한 달 살기 운영 방법과 수익이 나는 방법(호스트 모임 카페 활용하기)

부동산은 투자금이 적게 들어야 한다. 지역을 임장하고 부동산 소장님과 꾸준히 연락하면 장부 속에 감춰 둔 급매가 나오기도 한다. 내가 원하는 물건을 잡으려면 꾸준히 지역 분석을 해 보자. 꼭 부동산을 가지고 있어야 호스트를 할 수 있는 건 아니다. 전·월세로 임대해도 할 수 있다. 단 임대인에게 먼저 이를 통보해 둬야 일이 수월하다.

먼저 테스트를 해보는 것도 좋다. 요즘은 지자체에서 한 달 살기 여행을 지원하거나, 숙박비는 물론 체험비까지 지원하는 경우도 많다. 2022년도에 처음 시범을 보인 삼척에서는 6박 이상 체류할 수 있는 사람을 모집했다. 1인~2인 가구면서 SNS 활동이 왕성한 만 18세~39세 미만까지다. 가평에서도 귀농 체험 참가자를 모집했다. 많은 지역에서 모집하니 한 달 살기를 원하는 분은 알아봐도 좋다. 이는 지역경제 활성화에도 도움이 된다.

특히 자치단체에서 고령화와 인구 유출로 인해 버려지는 농촌 빈집 살리기를 위해 반값 주택을 사들여 문제 해결에 앞장서고 있다. 장기간 방치된 빈집은 철거해 주차장으로 만들거나 귀촌을 희망하는 분에게 무상으로 임대한다. 한 달 살기 임대업이 바닷가 근처에만 있는 건 아니다. 산을 좋아하는 사람을 위해 시골 빈집을 이용해도 되겠다는 생각이 들었다. 2020년 농어촌 빈집을 공유 숙박으로 시범사업 허용 후 전국적으로 확대되었다.

공간임대는 지역과 시설에 따라 하룻밤 비용이 천차만별이다. 많은 사람이 머물길 원하는 제주도의 독채라면 하룻밤 비용은 약 13만 원 정도다. 애견을 동반할 수 있고 노천탕도 겸비했기에 좋은 시설에 속한다. 반면 조이 하우스는 작은 공간이라 하룻밤에 평균 3만 원대다. 다양한 형태의 공간만큼 다양한 수요가 있으니, 자신이 투자할 수 있는 금액에 맞게 만들어갈 수 있을 것이다.

"

새로운 분야에서 돈을 벌 수 있는
파이프라인은 많다.
세상은 내가 아는 게 다가 아니었다.
크게 꾸는 꿈은 크게 이룬다.

"

8

새로운 분야는
돈의 파이프라인이 많다

주문진 세컨 하우스 이야기를 블로그에 자주 올리니 관심을 가지는 이웃이 생겼다. 준비되지 않은 노후에 빠른 현금 흐름을 만드는 방법을 누구나 궁금해했다. 에어비앤비는 아는데 한 달 살기 단기 임대는 모르는 분이 많다. 공간임대의 장점은 혼자서도 준비할 수 있다는 것이다. 무인 창업과 마찬가지로 부업으로 접근할 수 있다. 또 진입장벽이 낮고, 요구하는 자본금이나 준비기간 모두 많지 않다. 사업자 등록이 필요하지 않으며 마케팅을 따로 하지 않아도 된다.

내가 운영하는 한 달 살기 단기 임대업은 주거지가 아닌 여행지나 관광지에서 운영하는 장기 숙소 플랫폼에서 이용할 수 있다. 숙소가 여행지에 많다 보니 마당 있는 집, 바다가 보이는 숙소가 많다. 공유 숙박과 다르게 한 달 살기는 일주일보다 한 달 이상 살고 싶어 하는 게스트가 많다. 일주일 단기임대가 예약되면 청소하러 먼 거리를 자주 오가야 하는 단점이 있지만, 근처에 사는 청소 도우미를 구하는 방법도 있다. 일주일 예약의 장점은 한 달 보다는 일주일, 보름 살기의 임대료가 더 높아서 수익률이 높다는 점이다.

블로그에 조이 하우스 이야기를 올리는 날에는 공간임대를 하고 싶다는 비밀댓글이 많이 온다. 그러던 중 공간임대가 궁금하다며 내게 강의 요청이 왔다. 지금껏 했던 강의와 다르다. 그동안 중·장년층에게 '할 수 있다'라는 동기를 유발하는 강의나 고물가 시대에 절약하며 살 수 있는 가계부, 식비 절약을 강의했다.

공간임대 강의는 준비할 때부터 시간이 걸렸다. 자료를 수집하고 그동안 해왔던 사진과 운영하며 생겼던 에피소드에 관한 이야기를 풀어야 했다. 제일 중요한 건 관련 법규와 제도적 이슈다. 인테리어와 사진 기술도 한몫하기에 강의에서 중요하게 다뤄야 할 부분이다.

공간임대 강의가 끝나면 관심을 보이는 수강생이 있다. 강의가 끝나고 나를 찾아온 한 분은 실행력이 좋아 행동이 빨랐다. 나를 만난 후 바로 주문진으로 갔다. 나와 같은 아파트에 세컨 하우스를 매매하고 공간임대를 운영하는 데 채 한 달이 걸리지 않았다. 책을 좋아하는 논술 선생님이라 500여 권의 인문 서적을 비치하고 어린이를 동반하는 게스트를 위해 퍼즐을 준비했다. 바닷가에서 힐링도 하고 심도깊은 시간을 보낼 수 있는 '루나 하우스'다.

내게 공간임대를 알려준 멤버는 2년 넘게 게스트 하우스인 '써니 하우스'를 운영하고 있다. 다녀간 게스트들의 평판이 좋아 강릉에서 인기 있는 곳이다. 그녀는《빈집을 이용한 월세 로봇 세팅 비법》이란 전자책을 출간하기도 했다. 멘토와 멘티로 만나 본인이 하는 임대사업 노하우를 내게 풀어줬다. '써니 하우스'에 좋은 리뷰가 많아 리브애니웨어를 통해 한경닷컴의 '호스트 추천' 인터뷰까지 할 정도로 이 방면의 전문가다. 경매로 처음 집을 구매한 이야기, 셀프 인테리어로 예쁜 공간을 만든 이야기까지 공유해줬다. 나도 아직 운영하다 어려움이 생기면 써니 하우스에 물어본다. 지식을 나눠주는 그녀는 내게 공간임대 멘토가 되었다.

혼자서 운영했는데 같은 아파트에 공간 임대가 여러 곳이 생기니 그녀의 경쟁업체가 늘어 피해가 갔다. 고마운 그녀에게 어떤 방법으로 도움을 줄까? 고민되었다. 공간임대를 운영하고 싶은 분에게 방법을 알려주는 코칭을 해주면 좋겠다는 생각이 들었다. 나는 그런 분들과 그녀를 연결해주는 역할을 했다. 내게 문의가 오면 그녀가 설명하며 하고자 하는 이들에게 도움을 준다. 그녀 역시 공간임대를 통해 또 다른 파이프라인이 생긴 것이다.

새로운 분야에서 돈을 벌 수 있는 파이프라인은 많다. 세상은 내가 아는 게 다가 아니었다. 크게 꾸는 꿈은 크게 이룬다.

나의 열정은 무엇이었을까?

무엇이 나를 이렇게까지 꾸준하게 하도록 만들었을까?

취업이 좌절된 딸아이의 눈물을 보며 부자가 되기로 다짐하고 실행하면서 지금의 순간을 버티고 있다. 살면서 우리 집은 가난하지 않다고 큰 착각을 했다. 돈이 없음에도 노후가 불안하지 않았다. 적어도 아이의 취업이 좌절되기 전까지는 말이다. 아이의 눈물이 내 인생과 가족의 삶을 통째로 바꾸어 놓았다. 엄마를 행동하게 했고, 현재의 즐거움을 중요시하는 남편을 절약하게 했다.

50대에 시작했다면 늦은 걸까? 무능력한 내 삶을 탈출하고 싶어 새벽 4시에 가슴 설레며 기상했다. 기상 후 가장 먼저 시작한 일은 책 읽기였다. 늦은 나이에 무언가 시작하려니 두려웠다. 성공한 사람들을 벤치마킹하려고 노력했고, 그 사람들이 왜 성공할 수밖에 없는지를 분석했다. 크게 성공한 사람이 아닌 지금 성공으로 발돋움하는 사람들을 주로 따라 했다.

나이가 많고 시간이 없고, 돈이 없다는 건 모두 핑계였다. 묵묵히 힘든 길을 걸어온 지 만 3년 6개월이 되었다. 성장하고 배우는 데 시간과 에너지를 썼고, 남들이 꿈꾸기만 할 때 실천했다. 그사이 새로운 소자본 창업도 시작하고 부동산 자산이 늘었고 가족들과는 더욱 돈독해졌다. 어느새 이렇게 세 번째 책까지 출간하게 되었다. 되돌아 보니 내가 선택한 길은 틀리지 않았다.

50대 중반이라는 나이. 절실함에 들었던 부자 강의에 '나도 할 수 있을까?'에서 '나도 할 수 있다!'로 바뀌며 생활비를 배움에 쏟아부었다. 경제적 목표를 구체적으로 세웠고 투자하는 방법을 배웠다. 인생을 바꾸는 돈의 사용법은 경험을 사는 것이다. 아무것도 하지 않으면 아무 일도 일어나지 않는다. 딸의 눈물을 보고도 아무것도 하지 않았다면 여전히 나는 힘든 일을 하고 있을지도 모른다.

어떻게든 부자가 되고 싶었다. 엄마였기에 딸아이의 눈물과 상처가 아물기를 바라며 지루한 것을 묵묵히 하니 세상에는 진짜 기적이 있었다. 작가가 되어 책을 출간하는 것도 내겐 기적이었다. 덕분에 매일이 기적이다.

그 사이 영광스럽게도 멘토라는 말을 들으며 많은 사람을 만났다. 그분들을 만나면서 알았다. 똑같이 나를 만나고, 똑같은 책을 읽어도 누군가는 행동하고 누군가는 행동하지 않는다는 것을. 아무리 애써도 포도를 먹지 못한 여우가 달콤한 포도를 '신포도'라고 치부하며 위안하고 합리화했던 것처럼, 누군가는 또 아무것도 얻지 못한 채, 똑같은 삶을 살아갈 것이다.

부디 당신은 행동하는 사람이 되길 바란다. 목표가 100만 원이 됐든, 목표가 나의 행복이 됐든, 목표가 경제적 자유가 됐든 간에 자신에게 알맞은 성공의 기준을 향해 부지런히 행동하는 게 먼저다. 노력의 결과는 반드시 이루어진다. 내 노력의 결과가 누군가에겐 용기를 주길 바라며 이 책을 읽은 누군가는 바로 시작할 것이라고 믿는다.

50대에 시작해도 돈 버는 이야기

초판 1쇄 발행 2023년 9월 7일
초판 2쇄 발행 2023년 9월 13일

지은이 | 서미숙(꿈꾸는 서여사)
펴낸이 | 권기대
펴낸곳 | ㈜베가북스

주소 | (07261) 서울특별시 영등포구 양산로17길 12, 후민타워 6-7층
대표전화 | 02)322-7241 **팩스** | 02)322-7242
출판등록 | 2021년 6월 18일 제2021-000108호
홈페이지 | www.vegabooks.co.kr **이메일** | info@vegabooks.co.kr
ISBN 979-11-92488-41-7 (03320)